Best tips ever!

LOCAL
MIRJAM LINGEN

STAD
ARNHEM

WERK & BEZIGHEDEN
REDACTEUR, SCHRIJVER & ONDERNEMER ALLEDAGENLEKKER.NL

Als verstokte Randstedeling verhuisde Mirjam in 2008, met een beetje buikpijn, met haar gezin naar Arnhem. Ze werd vrijwel direct verliefd op de stad, die volgens haar 'het best bewaarde geheim van Nederland' is. Mirjam is graag buiten in het bos, maar houdt ook van de stad. Ze brengt veel tijd door in haar keuken waar zij met liefde kookt voor velen.

PRAKTISCH

Met de drie routes in deze gids kun je te voet of op de fiets, in je eigen tempo, de leukste wijken van de stad ontdekken. De routes leiden je langs musea en bezienswaardigheden en door mooie natuur, maar laten je vooral ook zien waar je lekker kunt eten en drinken, shoppen en genieten en waar je leuke dingen kunt doen. Op de overzichtskaart voor in de gids kun je zien door welke delen van de stad de routes lopen.

Elke route is duidelijk weergegeven op een gedetailleerde plattegrond aan het begin van het betreffende hoofdstuk. Ook alle adressen zijn op deze kaart terug te vinden. Aan de kleur van de bolletjes kun je zien om wat voor soort adres het gaat (zie de legenda onderaan deze pagina). Verderop in het hoofdstuk wordt elk adres beschreven. Zonder de genoemde adressen uitgebreid te bezoeken, duurt één route ongeveer twee tot tweeënhalf uur. De afstand in kilometers vind je boven de routebeschrijving.

PRIJSINDICATIE

Om je een idee te geven van de prijzen in restaurants, vind je bij de adresgegevens steeds een prijsindicatie. Tenzij anders vermeld, is het bedrag de gemiddelde prijs van een hoofdgerecht. De entreeprijzen van bezienswaardigheden zijn de reguliere tarieven, eventuele gereduceerde tarieven noemen we niet.

OPENINGSTIJDEN

De meeste grote winkels in de binnenstad zijn zeven dagen per week geopend. In het Modekwartier zijn veel winkels van donderdag tot en met zaterdag geopend. Musea zijn veelal op maandag gesloten.

LEGENDA

- >> BEZIENSWAARDIGHEDEN
- >> ETEN & DRINKEN
- >> SHOPPEN
- >> LEUK OM TE DOEN

HET BESTE VAN ARNHEM IN 3 ROUTES

ROUTE 1 > CENTRUM p. 18

In het centrum zijn eindeloos veel eetgelegenheden, bars en winkels, van ketens tot unieke conceptstores. Maar er is veel meer te zien en beleven, zoals een rijk (oorlogs)-verleden, kunst en cultuur.

ROUTE 2 > SPIJKERKWARTIER & KLARENDAL p. 38

Levendig en hip is zowel het Spijkerkwartier als Klarendal, maar ieder met zijn eigen sfeer. Klarendal is een oude arbeiderswijk met unieke winkels en ateliers van lokale ontwerpers in het Modekwartier. Het Spijkerkwartier is statiger met veel monumentale panden.

ROUTE 3 > STAD IN HET GROEN p .58

Het groene decor van de stad: van rivierlandschap tot heuvelachtig, door naald- en loofbossen en langs diverse musea en een prachtige dierentuin.

TIME TO MOMO IN ARNHEM

Stap je hotel uit en loop regelrecht naar de leukste wijken van de stad. Op weg naar nieuwe restaurantjes, de beste koffie en dat lokaal gebrouwen biertje. Bij **time to momo** delen onze lokale auteurs uit liefde voor hún stad alleen de echte highlights met je. Zo sla je de drukke dertien-in-een-dozijn-winkelstraten over en wandel je, terwijl je onderweg een bezienswaardigheid meepikt, naar de leukste adressen waar de locals zelf graag komen. Geniet van elke seconde & haal alles uit je stedentrip.

Jij gaat Arnhem ontdekken. Een groene stad met veel parken en hippe wijken, met een Modekwartier, unieke winkels en een bijzondere geschiedenis. De 'brug te ver' is nergens zo dichtbij als in Arnhem. Je kunt hier eindeloos shoppen en uitgaan, maar ook tot rust komen. De sfeer is overal gemoedelijk in deze provinciestad, die wel alles heeft en ook overzichtelijk is. Je loopt zo van de ene leuke wijk de andere in, met allemaal een eigen karakter. En als je de stad even beu bent, strijk je neer in een park of ga je de stad uit, waar enorme natuurgebieden zich uitstrekken. De stad wordt niet voor niets 'parel in het groen' genoemd.

time to momo laat je lekker wandelen, in je eigen tempo de stad ontdekken en de local lifestyle beleven, zonder dat je je hoeft voor te bereiden. We leiden je met onze routes langs de favoriete restaurants, cafeetjes, musea, galeries, winkels en bezienswaardigheden: langs de plekken in onze stad waar we zelf graag komen en een leuke tijd hebben. Misschien kom je ons wel tegen.

Geen van de adressen die we beschrijven, heeft voor vermelding betaald; niet voor de tekst en niet voor de foto's. Alle teksten zijn geschreven door een onafhankelijke redactie. En dat geldt niet alleen voor de adressen in deze gids, maar ook voor de informatie in onze **time to momo app** en alle nieuwste tips, themaroutes, wijkinformatie, blogs en de selectie van de leukste hotels op **www.timetomomo.com**.

City buzz!

GROEN EN HEUVELACHTIG

Stad en natuur lopen in Arnhem vloeiend in elkaar over. Er zijn veel stadsparken en het bos is ook dichtbij. De stad ligt aan de noordkant tegen een stuwwal aan en daardoor is het landschap heuvelachtig. Wandelen in Park Sonsbeek voel je al snel in je benen. Meer richting Veluwe is het op sommige plekken echt klimmen. Houd daar rekening mee als je een fietstocht gaat maken.

FESTIVALS EN EVENEMENTEN

In Arnhem zijn het hele jaar door veel festivals en evenementen. Hieronder vind je een selectie 'uniek in Arnhem'.

Arnhemse Uitnacht - januari (*www.arnhemseuitnacht.nl*)
Hele avond en nacht vol met kunst en culturele evenementen en programma's, verspreid over de hele binnenstad.

Sonsbeek Lentefestival - maart (*www.sonsbeekagenda.nl*)
Vier de start van de lente tijdens dit gratis festival met livemuziek op zes verschillende locaties in Park Sonsbeek.

Flow Freedom Festival - mei (*www.facebook.com/listentoflow*)
Vier de vrijheid tijdens dit gratis festival in Park Sonsbeek. Voor liefhebbers van foodtrucks en housemuziek.

Hoogte80 - mei/juni (*www.h80festival.nl*)
Vierdaags festival met theater, muziek, literatuur, eten en drinken in de buitenlucht.

Nacht van de Mode - juni (*www.modekwartier.nl/nachtvandemode*)
In het Modekwartier openen ontwerpers tot middernacht de deuren van hun ateliers en winkels voor liefhebbers van mode, kunst en design. Er is livemuziek en je kunt er lekker eten en drinken.

Cirque de la Liberté - juni (*www.cirquedelaliberte.nl*)
Circustheater in de ASM-Haven (Stadsblokken) met verschillende artiesten en muzikanten en ieder jaar een ander thema.

Arnhem Proeft - juni (*www.arnhemproeft.nl*)
Vierdaags culinair festival in het Musispark, waar je de lekkerste gerechten en drankjes kunt proeven van plaatselijke horecaondernemers.

Arnhemse Stockdagen - juni (*www.arnhemsestockdagen.nl*)
Vier dagen lang openen ontwerpers en winkeliers hun voorraadkasten; van gevestigde modehuizen tot jonge labels. In 2019 bij uitzondering in november.

Fashion en Design Festival - juni (*www.fdfarnhem.nl*)
Stadsfestival met mode, design, kunst en cultuur.

Park Open - juni-september (*www.parkopen.nl*)
Meerdere zondagen in de zomer zijn er gratis toegankelijke (pop)concerten op de Ronde Weide in Park Sonsbeek.

Sonsbeek Theater Avenue - augustus (*www.sonsbeektheateravenue.nl*)
Vierdaags Parade-achtig festival met theater, dans, muziek en cabaret in Park Sonsbeek.

Airborne Wandeltocht - eerste zaterdag van september
(*www.airbornewandeltocht.nl*)
's Werelds grootste eendaagse herdenkingswandeltocht in het kader van de Slag om Arnhem, in Oosterbeek.

Bridge to Bridge - september (*www.bridgetobridge.nl*)
Hardloopevenement met als motto 'Run to remember freedom', met verschillende afstanden en een Freedom Trail.

Bridge to Liberation - september (*www.bridgetoliberation.nl*)
Herdenking van de Slag om Arnhem bij de John Frostbrug, met muziek.

Sprookjesfestival - oktober (*www.sprookjesfestival.nl*)
In de herfstvakantie staat Arnhem en omgeving in het teken van sprookjes. Met veel voorstellingen, sprookjesfiguren en workshops.

MODE
KWARTIER
ARNHEM

breng trolley

FEESTDAGEN

Houd naast de variabele feestdagen Pasen, Hemelvaart en Pinksteren rekening met de volgende dagen:

1 januari > Nieuwjaarsdag
27 april > Koningsdag
5 mei > Bevrijdingsdag
25 & 26 december > Kerstmis

HEB JE NOG TIPS?

We hebben deze gids zo zorgvuldig mogelijk samengesteld. Het aanbod van winkels en restaurants in Arnhem wisselt echter regelmatig. We houden de routes en adresgegevens zoveel mogelijk up-to-date en in onze digitale producten zie je dat meteen terug. Ook deze gedrukte gids proberen we zo vaak mogelijk te herzien. Mocht je desondanks een adres niet meer kunnen vinden of heb je andere opmerkingen of tips voor deze gids, laat het ons dan weten. Mailen kan naar info@momedia.nl, maar je kunt ook een reactie achterlaten op **www.timetomomo.com** of op onze Facebookpagina.

VERVOER

Arnhem is goed te bereiken met de **trein** en heeft verschillende treinstations. Vanaf station Arnhem Centraal loop je zo de (autovrije) binnenstad in. Het Spijkerkwartier en Klarendal zijn goed te bereiken vanaf station Velperpoort. De buurten die in deze gids beschreven worden, zijn allemaal goed te voet bereikbaar.

Als je met de **auto** komt, moet je in het centrum en de wijken eromheen betaald parkeren. Er zijn meerdere parkeergarages, waar het tarief lager is dan op straat. Als er geen evenementen in het Gelredome zijn, kun je gratis parkeren bij Transferium Gelredome en vervolgens met **bus** 7 of 88 naar het centrum. Tijdens een voetbalwedstrijd is het parkeertarief € 10, tijdens een evenement € 12.

Arnhem is de enige stad in de Benelux met een trolleybusnetwerk. Een **trolley-bus** rijdt door aandrijving van een bovenleiding.

Bij de zij-uitgang van het station Arnhem Centraal staan altijd **taxi's** te wachten op klandizie. Er zijn diverse taxibedrijven actief. Bel bijvoorbeeld Taxi Arnhem (026-2606060) of Direct Taxi Arnhem (026-2600700).

FIETSEN

Arnhem is een perfecte stad om te **fietsen**. Overal zijn goede fietspaden en er zijn veel mooie routes in de omgeving. Je moet af en toe wel flink trappen, want het is heuvelachtig.

Fietsen kun je onder andere huren bij Reerink Rijwielen (Geitenkamp 4, *www.reerinkrijwielen.nl*). Naast stadsfietsen en mountainbikes verhuren ze ook elektrische fietsen en die zijn hier in de omgeving echt geen overbodige luxe. De Waalse Pijl (Hommelstraat 73, *www.dewaalsepijl.nl*) verhuurt vintage tandems, inclusief gevulde picknickmand.

Als je gaat fietsen in het Nationale Park de Hoge Veluwe, dan kun je gratis een van de 1800 **witte fietsen** nemen. Je vindt de fietsen bij de fietsenstalling aan het Marchantplein, bij het Kröller-Müller-museum en Jachthuis Sint Hubertus of bij een van de drie ingangen van het park: Hoenderloo, Otterlo en Schaarsbergen. Zodra je de witte fiets terug in de stalling zet, mag iemand anders er gebruik van maken. Er zijn ook fietsen voor kinderen en fietsen met een kinderzitje te leen. Liever een fiets voor jezelf? Vanaf € 3,50 per dag huur je een blauwe fiets. Deze zijn verkrijgbaar bij de drie ingangen van het park. Kijk voor meer informatie op *www.hogeveluwe.nl/nl/bezoek-het-park/wandelen-en-fietsen/fietsen*.

PEUGEOT

TOP 10 RESTAURANTS

1 **The Green Rose**: heerlijk eten & ruime keuze natuurwijnen > p. 26

2 **Renao** voor liefhebbers van *shared dining* > Schelmseweg 50

3 Bistronomie bij **Bistro Velvet** > Velperbuitensingel 17

4 Verfijnd eten bij **Cuisson** > Wezenstraat 3

5 Gezellig borrelen en eten bij **De Staat** > Markt 38

6 **Iveau** heeft de lekkerste burgers > Kleine Oord 78

7 **Memories of Asia** serveert de Kantonese keuken > Velperplein 16

8 Aziatisch met westerse twist bij **Miyagi & Jones** > Ingenieur J.P. van Muijlwijkstraat 23

9 **La Rusticana**: authentiek Italiaans > Bakkerstraat 58

10 **Garage Royal** voor de lekkerste pizza of *Flammkuchen* > p. 69

TOP 10 ZONDAG

1 Ontbijten bij **Focus** met film > p. 37

2 Koffie met appeltaart bij **Dudok** > Koningstraat 40

3 Wandelen in **Mariëndaal** (met koffie) > p. 77

4 Dieren in hun bijna natuurlijke leefomgeving bekijken in **Burgers' Zoo** > p. 73

5 Fietsen of wandelen in **Meinerswijk** of de **Stadsblokken** > p. 62

6 **Park De Hoge Veluwe** & **Kröller-Müller Museum**> p. 65 & 66

7 Culishoppen op de **Sonsbeekmarkt** (eerste zondag van de maand) > p. 70

8 **Openluchtmuseum** met de Nederlandse canon > p. 70

9 Uitgebreid borrelen bij **Stan & Co** > Willemsplein 46

10 Heerlijk nietsdoen in **Park Sonsbeek** > p. 62

TOP 10	ARNHEMSE MODE & DESIGN

1. Het **Modekwartier** met ateliers en unieke winkeltjes > p. 38
2. De **Bakkerstraat** met kleinere ketenwinkels
3. **Eiland**: concentratie van unieke winkels. Kijk ook even bij **Nozili** > Kerkstraat 44
4. Flagshipstore van het Arnhemse modemerk **Humanoid** > p. 33
5. Heel veel keuze bij **Smits Schoenen** > Jansstraat 8b
6. **Eems** & **Maeve**: interieur en mode onder één dak > p. 33
7. **Coef** voor de mannen > Bakkerstraat 11a
8. De prachtige interieurwinkel **Meijer+Floor** > Koningstraat 31
9. **Jones**: uniek en mooi, wel duur > Eiland 6
10. Duurzaam design bij conceptstore **Fraenck & Friends** > p. 36

TOP 10 CULINAIR SHOPPEN

1 **Arnhemse meisjes**: koekjes bij veel bakkers te koop > p. 36

2 Grofjes: het bolletje van **Het Arnhemse Bakkertje** > p. 36

3 Prijswinnende rookworst van **Slagerij Putman** > Steenstraat 90

4 Homemade leverworst van **Slagerij Evers** > Kerkstraat 14

5 Alles voor de borrel en lekkere kaas: **Van Dee** > Koningstraat 78

6 **Het Kookeiland** voor toffe keukenspullen > Zwanenstraat 12

7 Lekkere taartjes bij **Patisserie Christiaan** > Steenstraat 8

8 **Zuijders** voor delicatessen en goede afhaalmaaltijden > Klarendalseweg 123

9 De **markt** op het marktplein op vrijdag en zaterdag

10 Homemade taart van **Sweet Sugar Hill** > p. 54

ROUTE 1

CENTRUM

OVER DE ROUTE

Deze wandeling biedt voor ieder wat wils. Natuurlijk is Arnhem, met een internationaal gelauwerde modeacademie, een echte modestad en kun je hier eindeloos shoppen. Maar in het centrum heeft het oorlogsverleden z'n sporen nagelaten. Ook op het gebied van geschiedenis en cultuur kun je dus je hart ophalen. Het is mooi om te zien hoe oud en nieuw elkaar in dit deel vinden.

DE WIJKEN

De **binnenstad** van Arnhem is autovrij; het is daardoor niet minder druk, maar wel kun je er rustig slenteren en om je heen kijken. En er is veel te zien. Oude en nieuwe gebouwen worden afgewisseld met straten waar de grote winkelketens zitten en steegjes met kleine boetieks, pleinen en terrassen. Het oorlogsverleden is op veel plekken voel- en zichtbaar en er is volop mode en cultuur. De sfeer is zoals je kunt verwachten van een provinciestad: bescheiden en ontspannen.

In de binnenstad wordt flink aan de weg getimmerd. De toegangspoort naar de stad, station **Arnhem Centraal**, is na een jarenlange bouwperiode klaar. De **Jansbeek**, een eeuwenoude beek die ontspringt op **landgoed Zypendaal** en via **Park Sonsbeek** naar de Rijn stroomt, is na anderhalve eeuw terug in het centrum. Hierdoor sluiten het oude gedeelte, waar de winkelstraten zijn, en het deel dat is platgebombardeerd tijdens de Tweede Wereldoorlog, beter op elkaar aan. De sfeer in het centrum is uniek, omdat er naast winkels ook veel woningen zijn. Die inwoners zorgen voor leven in de brouwerij. Naast Arnhemmers wonen er veel studenten van de mode- en kunstacademie, die de stad kleur geven.

De **Eusebiuskerk** staat fier midden op het **Kerkplein**. Je kunt je voorstellen dat die ooit het symbool was van het machtscentrum van Gelre. Eromheen zie je veel nieuwbouw en het stadhuis. De **Markt** is zeker op vrijdag en zaterdag een bezoek waard. Ook de **Rijnkade** is de moeite waard, ondanks het toerisme –

ROUTEBESCHRIJVING 1 (ca. 6,6 km)

Loop Arnhem Centraal 1 uit en houd schuin links aan. Steek de straat over en loop richting brug, maar ga vrijwel direct linksaf de Korte Hoogstraat in. Je loopt over de Korenmarkt met veel cafés en terrassen. Via de Pauwstraat ga je rechts de Jansstraat in, waar een boekhandel zit 2. Ga rechtsaf de Rijnstraat in voor de hipste mannenmode 3. Bijna aan het eind van de straat ga je links de Oude Oeverstraat in, naar de Historische Kelders 4. Verderop kom je langs Rozet 5, waar je ook koffie kunt drinken en waar het Feestaardvarken 6 voor de deur ligt. Ga een stukje links de Kortestraat in, voor een tassenlabel 7. Loop daarna verder door de Kleine Oord. Ga rechts de Nieuwstraat in en loop, het laatste stukje van de Jansbeek volgend, naar de Rijnkade. Rechts zie je de Nelson Mandelabrug 8. Loop ernaartoe en vergeet niet te lezen wat erop staat. Onder de brug zie je allerlei streetart. Je kunt rechts voor de brug, op het Roermondsplein, een blik naar binnen werpen bij 't Amusement 9, om te kijken of je daar vanavond wilt eten. Wandel terug over de Rijnkade. Aan het eind ligt Airborne at the Bridge 10. Je kunt nog verder langs het water lopen voor een broodje van de Havenmeester 11. Ga anders onder de Sabelspoort 12 door de Markt op 13 14. Aan het eind van de Markt ligt rechts de Walburgiskerk 15 en voor je de Eusebiuskerk 16. Loop eromheen naar Focus 17 Sla rechts de Bakkerstraat in voor boeken 18 of ga links voor Mimint 19. Nu kom je in het shopgedeelte. Begin in de Weverstraat met Arnhemse mode 20 21, een conceptstore 22 en cultuur 23. Steek via passage het Hemelrijk door naar de Bakkerstraat, waar je rechts gaat 24. Neem meteen links de Bentinckstraat 25. Op de hoek zit Minouche en Rûne 26. Sla de Kerkstraat in 27 28 29 en ga aan het eind links en meteen weer links de Koningstraat in 30. Verderop zit links in de Arke Noachstraat het Oranje Koffiehuis 31. De route gaat rechts de Klarestraat 32 in naar de Nieuwstad, met op de hoek Bonnie 33 en een stukje naar rechts in de Beekstraat Fraenck & Friends 34. Volg de Nieuwstad. Bij de kruising met de Walstraat zit links Sneaky Shoes 35. Aan het eind van de Nieuwstad zie je Musis Sacrum 36 al. Wandel door het park om Musis heen naar het Velperplein om te eten bij Vieux Paris 37. Of loop nog een stukje door, via de Roggestraat, tot je rechts de Bovenbeekstraat in kunt om te borrelen 38. Dat kan ook in de Ruiterstraat 39 of haal daar een grofje 40. Om de hoek in de Wezenstraat kun je lekker eten bij Verheyden 41.

Schenswirdigheite

BEZIENSWAARDIGHEDEN

(1) Het heeft lang geduurd, zelfs heel lang – meer dan twintig jaar – maar nu staat er een futuristisch stationsgebouw, waar je mond van openvalt. Niet alleen de hal van **Arnhem Centraal** is imposant, kijk vooral af en toe omhoog, ook op de perrons. Alles golft en welft en tegelijkertijd is het een superstrak ontwerp dat mooi gebruikmaakt van de hoogteverschillen in de stad. Het gebouw is ontworpen door Ben van Berkel, die onder andere ook de Erasmusbrug in Rotterdam ontwierp.
stationsplein 166, trein of bus arnhem centraal

(4) Een groot gedeelte van de Arnhemse winkelstraten is onderkelderd. De eeuwenoude **Historische Kelders**, zo'n 36 in totaal, zijn onderling allemaal met elkaar verbonden. In 2001 zijn ze gerestaureerd en geopend voor publiek. Je kunt er zelf in ronddwalen of je laten rondleiden.
oude oeverstraat 4, www.historischekelders.nl, telefoon 0263511311, open wo-za 12.00-17.00, eerste zo vd maand 12.00-17.00, entree € 4, rondleiding € 5, bus 12, 43 rozet

(6) Het **Feestaardvarken** ligt op zijn rug in het Bartokpark. Het kunstwerk van Florentijn Hofman is gemaakt van beton en staal en is 30 meter lang, 9 meter hoog en 13 meter breed. Burgers' Zoo schonk het aan de stad Arnhem, ter ere van het 100-jarige bestaan van het dierenpark. Het is vooral een populair klimtoestel voor kinderen. Vanaf de bovenste verdieping van Rozet kun je mooi op het aardvarken kijken.
naast kortestraat 12, fb feestaardvarken, bus 12, 43 rozet

(8) 'HUIZEN – WIND – DE STROOM – DE VERTE – DE UTOPIE – INDONESIË – DE BOTEN – DE ZEE – BLAUWE LUCHT' zijn de woorden op de **Nelson Mandelabrug**, die je vanaf de Rijnkade kunt lezen. Ze zijn een overblijfsel van het evenement Sonsbeek '93. De brug heet in de volksmond ook wel de Nieuwe Rijnbrug, waar de John Frost de oude is. Die zie je vanaf deze brug ook goed, als je eroverheen gaat om in Arnhem-Zuid te komen.
nelson mandelabrug, bus 4, 5, 6, 7 rijnstraat

(10) **Airborne at the Bridge** is een dependance van het Airborne Museum Hartenstein in Oosterbeek, maar doet er niet voor onder. Alleen al het besef dat

Modern architecture

je hier staat op de plek waar in de Tweede Wereldoorlog de Slag om Arnhem plaatsvond, met uitzicht op a *bridge too far*, maakt het bijzonder.
rijnkade 150, www.airbornemuseum.nl/airborne-at-the-bridge, telefoon 0263337710, open dagelijks 10.00-17.00, entree gratis, bus 2, 3, 14 airborneplein

⑫ De **Sabelspoort** is een van de vier toegangspoorten tot Arnhem uit de 15e eeuw, maar de enige die bewaard is gebleven. Hij is ooit ook gebruikt om krankzinnigen en gevangenen in op te sluiten, waardoor hij ook wel de 'Geckenpoort' werd genoemd. Vanaf de Markt is hij mooi zichtbaar en vanaf de Rijnkade loop je via de poort zo de stad in. Tegenwoordig is de Sabelspoort onderdeel van het naastgelegen **Provinciehuis**, een rijksmonument dat onlangs geheel verbouwd is. In 2018 is het door de Nederlandse Vereniging van Architecten uitgeroepen tot Beste Gebouw van het Jaar.
ariën verhoeffstraat / markt, bus 12, 43 eusebiuskerk

⑮ In de oudste nog bestaande kerk van Arnhem, de **Walburgiskerk**, werden naast kerkdiensten al uitvoeringen van Muziektheater De Plaats en de *stocksale* van Humanoid gehouden. Momenteel is de kerk het tijdelijke onderkomen van **Museum Arnhem**, dat gesloten is vanwege een verbouwing. De kunstwerken die normaal in het museum hangen zijn hier niet te zien, omdat de kerk niet voldoet op het gebied van klimaatbeheersing en veiligheid. Deze plek is een pop-up presentatieruimte voor actuele kunst, ontwerpen en mode. Je zult bij een bezoek vast verrast worden!

sint walburgisplein 1, www.museumarnhem.nl, zie website voor openingstijden, bus 12, 43 eusebiuskerk

(16) Jarenlang heeft de **Eusebiuskerk** in de steigers gestaan, maar nu is zij weer in volle glorie te bekijken. Zowel van binnen als van buiten is het een imposant gebouw. Tijdens de Tweede Wereldoorlog kreeg de kerk het zwaar te verduren. Na de oorlog was er sprake van de ruïne als oorlogsmonument te behouden, net als de Gedächtnichtskirche in Berlijn, maar hij werd toch herbouwd. Voor de panoramalift en glazen balkons heb je wel wat lef nodig, maar je wordt beloond met een prachtig uitzicht over de stad en de omgeving.

kerkplein 1, www.eusebius.nl, telefoon 0264435068, zie website voor openingstijden, entree € 9, bus 12, 43 eusebiuskerk

(36) **Musis** is een concertgebouw uit 1847 en de thuisbasis van Het Gelders Orkest. Naast optredens van dit orkest zijn er vele andere concerten, van klassiek tot pop. Loop vooral eens om het gebouw heen. Aan de voorkant (Velperplein) is het een monumentaal pand en aan de achterkant (Musispark) heel modern. De Parkzaal met glazen pui is in 2018 geopend. Hier een concert bijwonen op een zomeravond is heel bijzonder, want je ziet het buiten langzaam donker worden. Als het donker is even vanuit het park naar binnen gluren is ook leuk, dan zie je het orkest spelen.

velperbinnensingel 15, www.musisenstadstheater.nl, telefoon 0263720720, zie website voor programma en prijzen, bus 1, 2, 3, 5, 6, 7 velperplein

ETEN & DRINKEN

(9) Het restaurant met misschien wel het jongste team van Nederland. Dat was **'t Amusement** zeker, toen Masterchef-winnaar Estée Strooker de zaak in 2011

op haar twintigste begon. Ambitie en creativiteit spatten van de borden af. Iedere maand wisselt het menu met Nederlandse seizoensproducten. Je kunt kiezen voor vier, vijf, zes of zeven gangen. Hopelijk heb je na het diner nog een plekje voor de homemade macarons.

roermondsplein 35, www.restaurant-amusement.nl, telefoon 0268481697, open wo-zo 17.30-sluit, prijs viergangenmenu € 42, bus 4, 5, 6, 7, 56, 72 rijnstraat, bus 43 roermondsplein

(11) Net buiten alle drukte, in een voormalig havenkantoor, kun je de allerlekkerste broodjes eten, met uitzicht op de Rijn. Het is even een stukje lopen vanuit het centrum, maar dat is het meer dan waard. De mensen van **Havenmeester** bedenken steeds weer iets nieuws en maken speciaal op donderdag en vrijdag broodjes zoals ze die zelf het lekkerst vinden. En dat is heel lekker!

nieuwe kade 25, www.havenmeester.club, telefoon 0267024173, open ma-vr 10.00-14.30, prijs broodje € 5,25, bus 12, 43 badhuisstraat

(13) Bij **First Eet** aan de Markt kun je terecht voor broodjes en verse sapjes. Probeer vooral het wortelmix-sap. Je moet soms wel een beetje geduld hebben. Als je buiten op het terras zit, is er meestal genoeg bedrijvigheid op de Markt te zien. Binnen is ook een winkeltje met fijne spulletjes: van accessoires om thuis je tafel mooi te dekken tot leuke keukenspullen.

markt 27, www.first-eet.nl, telefoon 0263823821, open wo & zo 12.00-17.00, do 10.00-17.00, vr-za 9.00-17.00, prijs (mix)sap € 4,50, sandwich/tosti € 8, bus 12, 43 eusebiuskerk

(14) Een *soto ayam* (kippensoep) of complete rijsttafel; je kunt het bij **Knusss** allemaal krijgen. Erg lekker en authentiek Indonesisch, geserveerd in rieten mandjes. Moeder staat in de keuken achter de pannen, terwijl zoonlief de bediening op zich neemt. Een echt familiebedrijf, maar waar die drie s'en nou vandaan komen?

markt 34, www.knusss.nl, telefoon 0262020376, open wo-vr & zo 17.30-21.30, za 11.00-21.30, prijs rijsttafel € 25,95 p.p., bus 12, 43 eusebiuskerk

(30) Vol passie wordt bij **The Green Rose** gekookt met duurzame en lokale ingrediënten. Ieder gerecht dat op tafel komt, is een feest voor je ogen en smaakpapillen. Gelukkig zijn de porties klein en kun je ze samen delen, zodat je extra veel kunt proeven. Op de wijnkaart staan diverse natuurwijnen, die minder sulfiet

33

11
HAVENMEESTER

30
BIO,
BIO DYNAMISCH,
&
NATUUR
WIJNEN
THE GREEN ROSE

30

bevatten en verrassend anders zijn. De bediening kan er met enthousiasme alles over vertellen. En enthousiast is iedereen hier, van koks en bediening tot gast.
koningstraat 50, www.thegreenrose.nl, telefoon 0263518927, open di-za 11.00-laat, zo 13.00-laat, prijs viergangenmenu € 35, bus 12, 43 eusebiuskerk

(31) Het **Oranje Koffiehuis** is een van de oudste kroegen van Arnhem. Als je er binnenstapt ga je terug in de tijd; de inrichting is door de jaren heen niet veranderd. Het art-decopand is een rijksmonument. Een must als je in Arnhem bent.
arke noachstraat 7, fb oranjekoffiehuis, telefoon 0263514081, open di-wo 11.00-20.00, do 11.00-22.00, vr-za 10.00-22.00, zo 12.00-20.00, prijs koffie € 2,50, bus 12, 43 rozet

(33) Of zangeres Bonnie St. Claire de inspiratiebron was voor de naam van dit fijne vegan koffiecafé? Ze was het in ieder geval wel voor de alcoholische versnaperingen op de kaart. Maar breng vooral een bezoek aan **Bonnie** voor de heerlijke koffie of neem een *sugar overdose* en eet taart en andere zoetigheden.
nieuwstad 2, www.bonniearnhem.nl, open do-zo 10.00-17.00, prijs koffie € 2,30, lunch € 7,50, bus 1, 2, 3, 5, 6, 7 velperplein

(37) Het is alsof je in Parijs bent, in de ronde uitspanning midden op het Velperplein. Bij **Brasserie Vieux Paris** eet je een onvervalst Frans driegangenmenu en ga je daarna van al het lekkers rollend de deur uit. Het is hier altijd gezellig met eigenaars Piet en Theo, die er steevast een feestje van maken. Misschien komt het ook doordat ze streng zijn voor hun gasten: appen en bellen zijn in het restaurant niet toegestaan! Voor een iets lichtere variant kun je verderop terecht bij hun nicht Estée Strooker, die Franse tapas serveert in **Petit Vieux Paris** (Klarestraat 15).
velperplein 30, www.vieuxparis.nl, telefoon 0631682682, open di-za 17.30-sluit, zo 17.00-sluit, prijs driegangenmenu € 29,95, bus 1, 2, 3, 5, 6, 7 velperplein

(38) **Babo Café** is een ontspannen plek met de sfeer van een buurtcafé, waar je van het ontbijt tot in de late uurtjes terechtkunt. De koffie wordt gezet met eigen gebrande bonen, dus voor een echte americano of goede filterkoffie ga je hier naar toe. Ook voor een tosti, lekker broodje of zelfgebakken taart zit je hier goed. Vooral de tosti royal is een aanrader, met jalapeño's als je van pittig houdt.
bovenbeekstraat 28, www.babocafe.nl, telefoon 0264434604, open ma-za 9.00-laat, zo 10.00-laat, prijs americano € 2,20, bus 1, 2, 3, 5, 6, 7, 8, 9, 10, 13, 14 roermondsplein

(39) Trappist, IPA, dubbel, tripel, donker, blond of gewone pilsener; bij **'t Moortgat** heb je keuze genoeg. Met altijd veertien verschillende bieren van het vat en meer dan honderd Nederlandse en buitenlandse bieren op de fles, kunnen liefhebbers hier hun hart ophalen. Bij je biertje kun je pinda's, chips of worst krijgen. En zoals het hoort in een goed café: er zijn regelmatig quiz- en bierproefavonden.
ruiterstraat 35, www.moortgat.nl, telefoon 0264450393, open zo-do 15.00-1.00, vr 15.00-2.00, za 12.00-2.00, prijs tappils € 2,25, bus 1, 2, 3, 5, 6, 7, 8, 9, 10, 13, 14 roermondsplein

(41) In een achterafstraatje, in een monumentaal pakhuis met brandtrappen aan de buitenmuur en binnen de sfeer van een huiskamer, kun je bij **Café Verheyden** terecht voor oesters en pasta. Tegenover het restaurant is een ommuurde stadstuin, waar je in de zomer eindeloos kunt genieten onder de druivenranken. In combinatie met de *melanzane alla parmigiana* (aubergine met tomaat en Parmezaanse kaas uit de oven) die hier vaak op de kaart staat, waan je je dan in Italië.
wezenstraat 6, www.cafe-verheyden.nl, telefoon 0264437035, open ma-za 11.30-22.00, prijs hoofdgerecht € 22,50, bus 1, 2, 3, 5, 6, 7, 8, 9, 10, 13, 14 roermondsplein

SHOPPEN

(2) De medewerkers van **Boekhandel Hijman Ongerijmd** lezen zelf veel en geven je met een aanstekelijk enthousiasme advies. Je krijgt hier direct zin in lezen! Ook als je geen zin hebt in een praatje, kun je hier heerlijk rondstruinen en de persoonlijke aanbevelingen lezen op de boeken. Bij Hijman Ongerijmd is het nooit saai; de agenda staat vol met lezingen, bijeenkomsten en boekpresentaties.
grote oord 15, www.hijmanongerijmd.nl, telefoon 0264424938, open ma 11.00-18.00, di-wo & vr 9.30-18.00, do 9.30-21.00, za 9.30-17.30, zo 12.00-17.00, bus 1, 2, 3, 5, 6, 7, 8, 9, 10, 13, 14 roermondsplein

(3) **Neighbourhood** is een fijne winkel met fijne mannen die je helpen om het juiste kledingstuk te vinden. Ze kijken je hier niet raar aan als je er niet zo hip uitziet als de kleding in hun winkel, want hip is het wel. Je kunt hier ook goed terecht voor mooie basisstukken, jammer genoeg wel alleen voor mannen.
rijnstraat 14b, www.nbharnhem.com, telefoon 0263704053, open di-wo & vr 11.00-18.00, do 11.00-21.00, za 10.00-18.00, zo 13.00-17.00, bus 4, 5, 6, 7 rijnstraat

(7) Bij **VAN Van den Dungen** vind je handtassen, werktassen en leren handschoenen, allemaal ontworpen door Mirjam van den Dungen zelf. Ze heeft een simpele stijl met uitgesproken kleuren. Op al haar tassen stikt ze een piepklein rood kruisje, waardoor haar stijl extra herkenbaar is. Kijk vooral ook even bij de unieke exemplaren. Daar zitten vaak tassen tussen waar je op een bescheiden manier de show mee kunt stelen.
kortestraat 24, www.vanvandendungen.nl, telefoon 0263831110, open wo-za 11.00-17.00, bus 12, 43 rozet

(18) **Boekhandel Het Colofon** is meer dan een boekwinkel. Natuurlijk vind je hier een breed aanbod aan boeken, maar het is ook een podium voor kunst en cultuur én een concepstore; iedereen die iets te bieden heeft in relatie tot boeken kan zich hier manifesteren. Op de bovenverdieping scoor je parels tussen de tweedehands boeken en kun je relaxen in grote fauteuils. De winkel heeft ook een lunchcafé, dat uitsluitend vegetarische en *homemade* gerechten en taartjes serveert.
bakkerstraat 56, www.hetcolofon.nl, telefoon 0263703508, open ma 12.00-18.00, di-wo & vr 9.30-18.00, do 9.30-21.00, za 9.30-17.30, zo 12.00-17.00, bus 12, 43 rozet

21

thuis wilt creëren kun je er hier van alles voor aanschaffen, maar je kunt ook beginnen met een boek over planten en groen.
klarestraat 1a, fb hello store arnhem, open wo-vr 12.00-18.00, za 12.00-17.00, bus 2, 3, 5, 6, 14 stadstheater

(34) **Fraenck & Friends** is een conceptstore met tassen van Fraenck en andere duurzame designproducten en mode van Friends (van Fraenck). De tassen zijn zowel duurzaam als sociaal verantwoord, want ze zijn gemaakt van gerecyclede materialen, door mensen met een afstand tot de arbeidsmarkt.
beekstraat 30, fb fraenckfriends, telefoon 0268440451, open di-za 10.00-17.30, bus 2, 3, 5, 6, 14 stadstheater

(35) Wil je *fashionable* gympen, geen dertien in een dozijn, maar wel van een bekend merk, dan moet je naar **Sneaky Shoes**. Voor de echt toffe modellen van Nike, Karhu of Adidas kun je hier terecht. Daarnaast verkopen ze streetwear.
walstraat 59, telefoon 0622701368, open ma-wo & vr 12.00-17.30, do 12.00-21.00, za 11.00-17.00, zo 13.00-17.00, bus 2, 3, 5, 6, 14 stadstheater

(40) Arnhemse meisjes zijn bekende Arnhemse koekjes en grofjes zijn broodjes met krenten en rozijnen van **Het Arnhemse Bakkertje**. Het is hun specialiteit en hier zijn ze echt het lekkerst. Je kunt ze zo eten of belegd met kaas. Ook andere belegde broodjes zijn hier erg lekker. Neem een *pane zilli* mee voor thuis.
ruiterstraat 37, www.hetarnhemsebakkertje.nl, telefoon 0264422972, open di-za 8.00-17.00, bus 1, 2, 3, 5, 6, 7, 8, 9, 10, 13, 14 roermondsplein

LEUK OM TE DOEN

(5) Het Rozet is alleen voor het gebouw al een bezoek waard. Het ontwerp heeft meerdere prijzen gewonnen en je ziet direct waar het zijn naam aan dankt. In het pand zitten onder meer de openbare bibliotheek en de volksuniversiteit en er is altijd iets te doen. In het **Erfgoedcentrum Rozet** kun je in een overzichtelijke en mooie ruimte de geschiedenis van Arnhem en omgeving ontdekken. En die is interessant en veelomvattend! In **Restaurant Momento** kun je iets te eten of drinken.
kortestraat 16, www.erfgoedcentrumrozet.nl, telefoon 0263543161, open ma 13.00-18.00, di-vr 10.00-18.00, za 10.00-17.00, zo sep-mrt 13.00-17.00, bus 12, 43 rozet

(17) **Focus Filmtheater** is een fijn filmhuis midden in de stad, waar je voor of na de film ook heel lekker kunt borrelen of eten. Iedere zondagochtend is er om 10.00 uur Breakfast at Focus; een goed ontbijt met daarna keuze uit vijf films. Je zondag kan niet beter beginnen! Voor het ontbijt moet je wel vooraf reserveren.
audrey hepburnplein 1, www.focusarnhem.nl, telefoon 0881900666, open kassa ma-vr 10.00-21.45, za 12.00-21.45, zo 10.30-21.45, restaurant dagelijks 10.00-0.00, prijs ontbijt met film € 19,50 (groot) / € 14,50 (klein), bus 12, 43 eusebiuskerk

(23) Een rijksmonument midden in het centrum is het thuis van een privécollectie hedendaagse kunst: **Collectie De Groen**. De tentoonstellingen zijn vrij toegankelijk, de privécollectie is alleen te zien met een rondleiding, waarvoor je je moet aanmelden. Daarnaast kun je in het **Café De Groen** genieten van heel veel lekkers, waaronder huisgemaakte charcuterie die ze in de kelder van het pand drogen.
weverstraat 40, www.collectiedegroen.nl, telefoon 0263033 455, open tentoonstelling wo & zo 12.00-17.00, do-vr 12.00-18.00, za 11.00-18.00, café wo & zo 12.00-17.00, do-vr 12.00-22.00, za 11.00-22.00, entree gratis, rondleiding € 8, bus 12, 43 rozet

ROUTE 2

SPIJKERKWARTIER & KLARENDAL

OVER DE ROUTE

De combinatie van de voormalige arbeiderswijk Klarendal en het statige Spijkerkwartier zorgt voor een heel diverse wandeling door de meest levendige en hippe buurten van Arnhem. Klarendal wordt ook wel het Modekwartier genoemd; een walhalla voor liefhebbers van mode en vintage. Deze route is vooral van donderdag tot en met zaterdag erg leuk om te lopen: op die dagen zijn de winkels open in het Modekwartier.

DE WIJKEN

Klarendal is van oudsher een arbeiderswijk en zelfs de eerste arbeiderswijk van Arnhem. Vroeger sprak men ook wel van 'Klèrendoal', niet echt positief, maar inmiddels is het een populaire buurt en zijn de arbeiderswoningen gewild. De sfeer zou je kunnen omschrijven als no-nonsense hip, want hip is het zeker, met alle creatieve ondernemers, ateliers, winkels en bijzondere horecagelegenheden. Klarendal wordt zelfs het **Modekwartier** genoemd, vanwege alle mode- en designgerelateerde ondernemers én een mode- en designhotel. Maar naast alle **mode en design** tref je in deze wijk ook nog de oorspronkelijke bewoners. Zij dragen bij aan die sfeer van no-nonsense en zorgen dat de wijk authentiek blijft. De winkels in deze buurt zijn specialistischer dan in de binnenstad. Hier vind je echt bijzondere, *one-of-a-kind* kleding en meubels. Er zijn veel vintagewinkels die een regelmatig bezoek waard zijn, want iedere keer hebben ze weer iets anders.

Het Spijkerkwartier is, in tegenstelling tot Klarendal, een statige buurt en grenst direct aan het stadscentrum. Het is de meest levendige wijk van de stad, met veel monumentale herenhuizen. Het bestaat feitelijk uit drie buurten: **Spijkerbuurt**, **Spoorhoek** en **Boulevardkwartier**. De wijk maakt een statige indruk, maar is dat niet altijd geweest. In de jaren zestig en zeventig raakte de wijk in verval en was er veel prostitutie en criminaliteit. Zowel binnen als buiten Arnhem stond de wijk bekend als rosse buurt. Nadat de prostitutie in 2006 verdween, zijn veel

ROUTEBESCHRIJVING 2 (ca. 5 km)

Begin bij Bizar Bazar 1 in de Van Muijlwijkstraat. Ga linksaf de Hommelstraat in voor koffie 2 en om te shoppen 3 4 5. Loop onder het spoor door een klein stukje de Hommelseweg in, tot je aan je rechterhand het Luthers Hofje 6 ziet. Loop terug richting het spoor en ga links de Sonsbeeksingel op, met leuke winkels 7 8 9 en het prachtige Stationspostkantoor 10. Aan de achterkant hiervan zit Caspar 11. Daarna loop je terug en ga je de Klarendalseweg in, een bruisende straat vol winkeltjes, studio's en ateliers 12 13. Je loopt langs de molen 14 en Plaatsmaken 15. Ga verder de Klarendalseweg op (ja, je loopt omhoog), langs nog meer unieke winkels 16 17 18 19 20 21 22 23 en eindig bij restaurant Sugar Hill 24. Vanaf Sugar Hill loop je terug over de Klarendalseweg, tot je links de Willemstraat in kunt. Aan het eind daarvan ga je rechtsaf de Rosendaalsestraat in. Verderop heb je aan je rechterhand het Posttheater 25 en nog iets verder zit Eetwinkel Stroom 26. Ga weer onder het spoor door en neem dan schuin links aan de overkant de Hertogstraat naar Bar Hotel Karel 27. Sla rechtsaf de Spijkerstraat in en meteen weer rechts de Driekoningenstraat in. Ga naar links de Steenstraat in 28 29 30 31 32. Aan het eind ga je linksaf de Velperbuitensingel op, tot je aan je linkerhand Café Vrijdag 33 ziet. Daar loop je een stukje de Spijkerstraat in voor een wijntje 34 en Theater Het Hof 35. Loop terug en steek de Eusebiusbuitensingel over naar het Musispark. Ga naar links en bewonder de mooie panden aan de singel. Ter hoogte van de Parkstraat verlaat je het park en steek je de singel weer over naar Bomboca 36. Loop de Parkstraat in tot aan de Kastanjelaan, hier ga je links en op de volgende hoek zit rechts SoundTrek 37. Ga rechts de Spijkerstraat in en meteen weer rechts bij de Prins Hendrikstraat. Loop deze helemaal uit. Bij de kruising met Boulevard Heuvelink gaat de straat over in de Van de Spieghelstraat. Je loopt nu tegen De Kleine Campus 38 aan. Ga links via de Statenlaan naar de Groen van Prinstererstraat. Sla die links in en loop rechtdoor tot je weer bij de Parkstraat bent. Loop de Parkstraat een klein stukje in naar de Watertuin 39 aan je linkerhand. Wandel terug, ga linksaf de Emmastraat in en neem meteen rechts de Dullertstraat. Sluit de dag af bij Brasserie Thialf 40.

BEZIENSWAARDIGHEDEN

⑥ Het **Luthers Hofje** is sociale woningbouw uit 1860, destijds was het een complex van bejaardenwoningen. Aanvankelijk waren het 22 woningen, nu zijn er nog 13 adressen. De mensen wonen tegenwoordig dus iets ruimer. Ze behouden graag hun privacy, dus kijk vooral even naar binnen in het hofje, maar bedenk wel dat je in iemands tuin staat. Het contrast tussen de rust in het hofje en de vaak drukke Hommelseweg, maakt het tot een bijzonder plekje.
luthers hofje, hommelseweg, bus 1, 2, 3, 5, 6, 7 velperplein

⑩ Een **Stationspostkantoor** op een plek waar geen station te bekennen is... Het heeft dan ook niet altijd op deze plek gestaan. Vroeger stond het vlak bij het centraal station. Bij de plannen voor het nieuwe stationsgebied stond het in de weg. De gevel is toen helemaal gedemonteerd en in meer dan 150 delen gezaagd. In Klarendal is alles in 2007/2008 weer opgebouwd en nu zit op de begane grond **Goed proeven**, een restaurant met een fijn terras (*www.goedproeven.nl*). Boven zijn ateliers en woningen.
klarendalseweg 536, trein of bus 1, 7, 26, 27, 29 velperpoort

⑭ Een molen midden in een woonwijk! Het is een mooi gezicht, want hij werkt ook nog. **Molen de Kroon**, in de volksmond de Klarendalse Molen, is een korenmolen en in de winkel kun je diverse producten kopen. De opbrengst komt ten goede aan de instandhouding en het onderhoud. Je kunt de molen bezichtigen en een tentoonstelling over de werking en de historie bekijken.
klarendalseweg 82, www.molendekroon.nl, telefoon 0263512513, open vr 13.00-16.00, za 10.00-17.00, entree gratis (vrijwillige bijdrage), bus 13 oogststraat

⑮ **Plaatsmaken** is een plek die ruimte en gelegenheid biedt voor het maken en tonen van kunst. Er zijn ateliers voor kunstenaars en er is een galerie waar regelmatig tentoonstellingen zijn. Loop vooral even binnen om rond te kijken. Er zijn altijd wel mensen aan het werk in een van de grafische werkplaatsen; van doka tot zeefdrukatelier. Je krijgt hier spontaan zin om zelf iets te maken, maar kijken kan hier ook heel goed.
klarendalseweg 82a, www.plaatsmaken.nl, telefoon 0263515697, open ma-vr 9.00-17.00, bus 13 oogststraat

14

(39) Als je door de Parkstraat loopt, heb je geen idee dat achter de statige panden zoveel natuur is. De **Watertuin** is een van de vele binnentuinen in de buurt, die open zijn voor publiek. Er komen tientallen beschermde planten- en dierensoorten voor. De tuin wordt volledig onderhouden door vrijwilligers. Er staan ook bijenkasten, die bloemenhoning opleveren. Deze wordt verkocht bij Brasserie Thialf.
parkstraat 96-98, open dagelijks 8.00-20.00, trein of bus 1, 7, 26, 27, 29 velperpoort

ETEN & DRINKEN

(1) Een hotel, een restaurant en een bazaar; **Bizar-Bazar** is het allemaal. Vanuit de drukke stad stap je zo een Midden-Oosterse medina in, waar je naar hartelust kunt shoppen en lekker eten. In het grote restaurant hangen zwevende hotelkamers boven je hoofd. Dat is zowel voor de etende als de slapende gasten een bizarre ervaring. Er zijn ook rustigere kamers in de aanpalende voormalige pastorie.
ingenieur j.p. van muijlwijkstraat 19a, www.bizarbazar.nl, telefoon 0262148800, open zo-wo 17.00-0.00, do-za 17.00-1.00, prijs € 19,50, bus 1, 2, 3, 5, 6, 7 velperplein

(2) **Koffiekafeetje bij Ann** zit in een gezellig hoekpandje met veel bedrijvigheid voor de deur. Je kunt hier lekker bij het raam zitten en naar buiten kijken of aan een van de tafeltjes genieten van een goede koffie. Maar ondanks de naam biedt deze plek veel meer dan dat; van ontbijt tot en met lunch kun je hier terecht en daarna nog voor verse thee met homemade cake.
hommelstraat 39, fb koffiekafeetje, telefoon 0262130775, open ma-vr 8.00-16.00, za 9.30-16.00, prijs ontbijt € 6,90, bus 1, 2, 3, 5, 6, 7 velperplein

(11) **Caspar** is klassiek en modern in één. Je kunt hier aan de bar hangen of met je laptop neerstrijken om wat te werken. Schuif gezellig aan op een bankje bij het raam en kijk ook even boven je hoofd naar de gekke lampjes. Het thema 'klassiek en modern' komt hier overal in het interieur terug.
elly lamakerplantsoen 2, www.casparamhem.nl, telefoon 0268403524, open zo-di 9.00-0.00, wo-do 9.00-1.00, vr-za 9.00-2.00, prijs € 12,50, trein of bus 1, 7, 26, 27, 29 velperpoort

(24) 'Life is sweeter on the hill', en als je bij **Sugar Hill** neerstrijkt, geloof je dat meteen. Je moet er dus even de heuvel voor op, maar het valt mee. Als je er dan bent, kun je jezelf verwennen met een lekkere hamburger van chef Werry van Leeuwen. Hij kookt met wat hij van zijn leveranciers aangeleverd krijgt. Hij geeft ze alleen een budget, verder hebben ze de vrije hand en hij verzint er wel iets lekkers mee. Zo is het menu altijd verrassend, maar met één constante: de hamburger! Hun taarten zijn inmiddels beroemd in Arnhem en omgeving. Die kun je hier eten of iets verderop kopen voor thuis bij 'zusje' **Sweet Sugar Hill**.
klarendalseweg 192, www.sugarhill.nl, telefoon 0263892010, open dagelijks 8.00-0.00, prijs € 20, bus 13 kazerneplein

(26) Een beetje verscholen achter station Velperpoort vind je **Eetwinkel Stroom**, waar je van koffie met taart in de ochtend tot en met het avondeten terechtkunt. Je kunt het ter plekke opeten, maar ook meenemen. Als je hier binnenstapt, ontmoet je een en al vrolijkheid en krijg je echt het gevoel dat alles met liefde is gemaakt, van je kopje koffie tot je salade. Eén ding is zeker: alles is vers, voedzaam en gemaakt met het streven zo min mogelijk weg te gooien.
sonsbeeksingel 160, www.eetwinkelstroom.nl, telefoon 0262131246, open dagelijks 11.00-21.00, prijs € 11,50, trein of bus 1, 7, 26, 27, 29 velperpoort

(27) Een beetje verscholen, maar in een typisch straatje van het Spijkerkwartier, zit **Bar Hotel Karel**. Je kunt er ook slapen, maar voor ontbijt, lunch en koffie zit je hier in ieder geval helemaal goed. De mensen zijn aardig, de taart is lekker en de kleine bar is retro knus. Ook verscholen ligt de binnentuin, waar je heerlijk rustig zit en stiekem een blik kunt werpen in een van de hotelkamers.
hertogstraat 40, www.barhotelkarel.com, telefoon 0620386931, open ma & wo-vr 8.00-17.00, za-zo 9.00-17.00, prijs huisgemaakte taart € 4, trein of bus 1, 7, 26, 27, 29 velperpoort

(28) De twee broers Wiebe en Luuk de Haan, met een enorme liefde voor vis, zijn samen de Visbroertjes. Met energie voor tien verkopen ze de lekkerste verse vis bij **De Zilte Zeemeermin**. Achter in de winkel is de altijd gezellige visbar, waar je oesters kunt snacken met een lekker glaasje wijn. 's Zomers kan dat ook op hun terrasje op de stoep voor de winkel. Op donderdag, vrijdag en zaterdag is het van 18.00 tot 19.00 uur *Happy Oyster Hour* en zijn alle oesters € 1,50 per stuk.
steenstraat 83a, www.visbroertjes.nl, telefoon 0263794816, winkel open di-za 9.00-18.00, visbar open do-vr 16.00-22.00, za 13.00-22.00, prijs oester € 3 / € 4, trein of bus 1, 7, 26, 27, 29 velperpoort

(31) Het beste ambachtelijke Italiaanse schepijs van Arnhem en omstreken haal je bij **Trio IJssalon**. Bij mooi weer staat er buiten een rij, maar doordat de hele familie mee schept, gaat het snel en sta je zo weer op de stoep tussen allemaal smullende mensen. Probeer vooral de smaak limoncello of pure chocola. Minder grote ijsliefhebber? Neem dan een *affogato*: koffie met een bolletje vanille-ijs.
steenstraat 15, www.trioijssalon.nl, telefoon 0264420937, open mrt-sep dagelijks 12.00-22.00, prijs bol ijs € 1,30, affogato € 4, bus 1, 2, 3, 5, 6, 7 velperplein

(33) Het is alle dagen geopend, maar op vrijdag pakt **Café Vrijdag** extra uit bij de borrel. Verder kun je hier dus elke dag lekker borrelen in een café zoals een café bedoeld is, met bier en spelletjes. Zodra de zon zich laat zien, stroomt het terras vol en dan kun je er bijna niet voorbij gaan zonder even neer te strijken. Het drukke verkeer merk je dan amper.
velperbuitensingel 21a, www.cafevrijdag.nl, telefoon 0267023901, open ma-wo 12.00-1-00, do-zo 12.00-2.00, prijs tosti € 4, bus 1, 2, 3, 5, 6, 7 velperplein

24
TALISKER
Rhum J.M
ULTIMATUM RUM
ULTIMATUM RUM
1919
GIN MARE

24

24

26
KOM DE WINTER
VIEREN BIJ EETWINKEL
STROOM
SOEPEN 5,7-7,9
POMPOEN-VENKELSOEP
TOM YAMSOEP MET
OESTERZWAM

1
blik koper
€15,-

26
Lunch all
afternoon

(34) Marmeren tafels en een bar met paarse krukken, wijn per glas of per fles met bijpassende antipasti; dat is **Wijnbar Vini**. Het is een romantische plek waar je vooral lekker zit als het buiten nat of koud is.
spijkerstraat 3, fb wijnbarvini, telefoon 0652143150, open wo-do 17.00-0.00, vr-za 15.00-2.00, zo 15.00-0.00, prijs glas huiswijn € 5, bus 1, 2, 3, 5, 6, 7 velperplein

(36) De piepkleine koffiebar **Bomboca** valt direct op, misschien wel door het contrast met de grote statige panden aan de Eusebiusbuitensingel, waar de bar op een hoek gevestigd is. Bij de koffie kun je Portugese zoetigheden bestellen en op vrijdag en zaterdag zijn er *petiscos*, Portugese tapas voor bij de borrel. Alles is hier klein maar fijn, een oase van rust tussen het centrum en het Spijkerkwartier.
eusebiusbuitensingel 10, fb bombocakoffiebar, telefoon 0640269302, open ma-do 8.00-18.00, vr 8.00-20.30, za 9.00-20.30, zo 11.00-20.00, prijs zoetigheden € 3,50, bus 2, 3, 5, 6, 14, 33 stadstheater

(37) Neem een zondagmiddag, het levendige Spijkerkwartier, een gezellig café en fijne muziek; dat is **SoundTrek**. De programmering is heel divers en ook de eigenaar zelf treedt hier regelmatig op met zijn band. Vanaf het terras kun je de bedrijvigheid in de buurt goed bekijken.
kastanjelaan 1, www.soundtrek.nl, telefoon 0263034206, open wo-do & zo 10.00-0.00, vr-za 10.00-1.00, prijs € 17,50, trein of bus 1, 7, 26, 27, 29 velperpoort

(40) In een uithoek van het Spijkerkwartier zit **Brasserie Thialf**, ooit een zwembad en later ook nog een radio- en tv-studio. Over de hele lengte van het gebouw is aan de achterkant een terras, dat uitkijkt over een groot speelterrein, het voormalige zwembad. In de zomer zit je daar heerlijk, in andere jaargetijden is het binnen goed toeven. Vooral de Thialf-burger is een aanrader.
dullertstraat 33-1, www.thialf.nu/horeca/, telefoon 0263828277, open wo-zo 12.00-sluit (keuken tot 21.00), prijs € 16, trein of bus 1, 7, 26, 27, 29 velperpoort

SHOPPEN

(3) **Loesje** is een echt Arnhems meisje; hier geboren en getogen en nog steeds is dit haar thuis. De posters en ansichtkaarten van Loesje kom je overal tegen. In

haar winkeltje kun je nog veel meer leuks kopen: tassen, kleding, kalenders of bijvoorbeeld een mok. De artikelen hebben één ding met elkaar gemeen: ze bevatten altijd een gevatte tekst die je even aan het denken zet.
hommelstraat 65, www.loesje.nl/winkeltje/, telefoon 0264437724, open ma-do 11.00-16.00, bus 1, 2, 3, 5, 6, 7 velperplein

④ **De Waalse Pijl** is een Belgische wielerklassieker die jaarlijks in Wallonië wordt verreden, in Arnhem is het een winkel waar klassieke wielrenfietsen een tweede leven krijgen. Voor echte vintage ga je dus hiernaartoe. Behalve voor onderhoud en verkoop, kun je hier ook terecht om een vintage fiets of zelfs tandem te huren, inclusief gevulde picknickmand. Leuk voor de fietstocht! Wel vooraf reserveren.
hommelstraat 73, www.dewaalsepijl.nl, telefoon 0638118027, open di-vr 10.00-18.00, za 10.00-17.00, huur tandem € 35 per dag, trein of bus 1, 7, 26, 27, 29 velperpoort

⑤ Bij **Lost in Wanderland** raak je de weg niet kwijt, maar keuzestress kun je er zeker wel krijgen. In deze winkel is namelijk veel te koop, van woonaccessoires tot kleding. Ondanks dat er dus veel is, is het toch overzichtelijk. Zoek je een cadeautje? Dan vind je dat hier zeker en waarschijnlijk ook wel iets voor jezelf.
hommelstraat 60, www.lostinwanderland.nl, telefoon 0651846110, open di-za 10.30-18.00, bus 1, 2, 3, 5, 6, 7 velperplein

⑦ Het lijkt een allegaartje en toch past alles van **Froufrou's** bij elkaar. Kleding, interieur en accessoires; alles wat je hier koopt is bijzonder, vaak vintage, of gewoon leuk. Er zijn tweedehands en nieuwe spullen en vooral de zonnebrillen zijn verrassend en alom bekend. De items zijn persoonlijk en met liefde gekozen door de eigenaren; misschien is dat wel het geheim achter het allegaartje.
sonsbeeksingel 102a, www.froufrous.nl, open di-vr 10.00-18.00, za 10.00-17.00, trein of bus 1, 7, 26, 27, 29 velperpoort

⑧ Van behang tot muurstickers, kastjes en wandplanken, van een berenkop voor aan de muur tot kussen, vloerkleed of verf. Bij **June Interiors** vind je alles om een kinderkamer te pimpen, maar ook leuke cadeautjes en verfijnde sieraden. De winkel lijkt alleen op kinderen gericht, maar toch wordt aan iedereen gedacht.
sonsbeeksingel 116, www.juneinteriors.com, telefoon 0641270272, open do-za 10.00-17.00, bus 1, 2, 3, 5, 6, 7 velperplein

⑨ Een katoenen T-shirt, sweater of hoodie met bedrukking; dat klinkt als iets wat leuk is voor kinderen, maar de ontwerpen van **Okimono** zijn voor volwassenen en echt verrassend, simpel en stylish. Ze hebben ook schorten en fietskleding. Wil je geen bedrukking op je borst? De ontwerpen zijn ook te koop voor aan de muur.
sonsbeeksingel 117, www.okimono.nl, telefoon 0267370119, open wo-vr 12.00-17.00, za 10.00-17.00, bus 1, 2, 3, 5, 6, 7 velperplein

⑫ Met een vestiging in Arnhem én in Nijmegen timmert **Mariemarie** lekker aan de weg met haar mooie spullen. Vooral met verrassende kleding, schoenen en hoofddeksels. De schoenen van My Sweet Shoe zijn echt allerzoetst en vaak ook in een pastelkleur verkrijgbaar. Verder vind je hier interieurspullen en accessoires.
klarendalseweg 528, www.mariemarie.nl, telefoon 0263511553, open wo-vr 11.00-18.00, za 11.00-17.00, bus 13 oogststraat

⑬ Bij **Pickle de Winkel** koop je uiteraard *pickles*: producten die gepekeld of gefermenteerd zijn, en dat varieert van zuurkool tot *kimchi*. Maar ze hebben ook homemade paté, limonadesiroop of soep. Je kunt het meenemen of geniet aan

4

7

30

17

19

13

de grote tafel midden in de winkel van bijvoorbeeld een heerlijke wonton-soep. Alles is gemaakt volgens het principe: *no waste!* Hier kunnen ze van voedsel dat over is en normaal vaak wordt weggegooid, nog iets lekkers maken.
klarendalseweg 36, open wo-za 11.00-19.00 uur, bus 13 oogststraat

⑯ **Mode met een Missie** heeft een mooi doel: iedereen aan het werk. De mode wordt gemaakt met reststoffen van bekende ontwerpers, door mensen die om wat voor reden dan ook een afstand tot de arbeidsmarkt hebben. De ontwerpen zijn van jonge Nederlandse designers. Er is altijd bedrijvigheid in het atelier achter in de winkel. Als je hier iets leuks scoort, ga je echt met een fijn gevoel naar huis.
klarendalseweg 476, www.modemeteenmissie.nl, telefoon 0263702550, open di & do-vr 11.00-16.00, za 11.00-17.00, bus 13 oogststraat

⑰ Misschien gaat bij de naam Lenneke Wispelwey niet direct een lampje branden, maar haar stijl is heel herkenbaar en grote kans dat je weleens een porseleinen ontwerp van haar hebt gezien. Bij **Studio Lenneke Wispelwey** kun je haar pastelkleurige vaasjes, kommetjes, kopjes en nog veel meer werk bewonderen.
klarendalseweg 442, www.lennekewispelwey.nl, telefoon 0650901087, open do-za 12.00-17.00 en op afspraak, bus 13 wkc klarendal

⑱ Van bakblikken tot -boeken, tips en adviezen, voor semiprofessionele thuisbakkers tot klunzen; de **Bakbar** biedt uitkomst. Je doet hier inspiratie op en kunt alles kopen om te slagen als fantastische thuisbakker. Als je er een heerlijke geur ruikt, dan valt er wat proeven.
klarendalseweg 434, www.bakbar.nl, telefoon 0264451600, open wo-za 11.00-17.00, bus 13 wkc klarendal

⑲ **Mirte Engelhard** heeft sinds 2010 een atelier annex winkel midden in het Modekwartier. Haar atelier doet bijna aan als een huiskamer. Als Mirte aan het werk is en er staat iemand voor de deur, doet ze gewoon open. Ze maakt veel kledingstukken in opdracht, maar werkt ook graag aan haar eigen collectie, die casual, comfortabel en stijlvol is. Ze denkt daarbij niet graag in hokjes. Veel van haar kledingstukken zijn door zowel vrouwen als mannen te dragen.
klarendalseweg 134a, www.mirte-engelhard.nl, telefoon 0620643622, open do-vr 11.00-17.00, za 10.00-17.00 en op afspraak, bus 13 wkc klarendal

(20) **Uitgeverij Loopvis** is een kleine, creatieve uitgeverij van boeken, okapi's, kaarten en prenten. In Klarendal hebben ze hun eigen Loopviswinkel, waar je alles kunt bekijken en kopen. Wat direct opvalt is de humor en tegendraadsheid in alle producten. Een vis die kan lopen bestaat toch niet? Die bestaat dus wel en het *Pindakaas kookboek* ook, net zoals de verhalenbundel *Ben jij je wc?* en het prentenboek *Volle muil.*

klarendalseweg 155, www.loopvis.nl, telefoon 0508507015, open wo-vr 11.00-18.00, za 12.00-17.00, bus 13 kazerneplein

(21) 'Your home should tell the story of who you are, and be a collection of what you love,' is het motto van **Mippies** en ze kunnen je daar ook goed bij helpen met stylingadvies. Verder vind je hier veel designmeubelen en -klassiekers, met name uit de jaren 50, 60 en 70 van de vorige eeuw. Het is een heerlijke plek om even rond te kijken en iedere keer als je er komt zijn er weer andere spullen.

klarendalseweg 382, www.mippies.com, telefoon 0626330630, open do-za 11.00-17.00 en op afspraak, bus 13 wkc klarendal

(22) Een paradijs voor de zoetekauw, dat is **Sweet Sugar Hill**. Een schattig winkeltje vol ambachtelijke taarten en zoetigheid. Achter de winkel is de bakkerij waar de taarten worden gebakken. Als je dat ruikt, kun je de winkel bijna niet verlaten zonder een stukje merenguetaart, een van de specialiteiten. Die kun je ook zelf leren maken tijdens een workshop. Als je liever even wilt zitten met een stuk taart, dan kun je iets verderop terecht bij 'broertje' **Sugar Hill**.

klarendalseweg 376, www.sweetsugarhillbakery.com, telefoon 0263703903, open vr & zo 12.00-18.00, za 9.00-18.00, bus 13 kazerneplein

(23) **Het Paradijs** komt dicht in de buurt van wat je je zoal bij een paradijs kunt voorstellen. Deze studio annex winkel van drie illustratoren staat vol hebbedingen. Ze werken in opdracht, maar maken ook veel werk dat ze verkopen in de winkel, zoals kaarten, servies, kussenhoezen, posters en okapi's. Okapi's zijn kaarten waarmee je door middel van vouwen, knippen en plakken je eigen tafereeltje kunt knutselen. Die van Arnhem is uiteraard een aanrader, om thuis na te genieten van je bezoek aan de stad.

klarendalseweg 172, www.hetparadijs.net, open do 11.00-17.00, za 12.00-17.00, bus 13 kazerneplein

21
Come In
We Are
OPEN

(29) Vrolijke kleding en leuke cadeaus vind je bij **Eigen Stijl**; van King Louie tot Ilse Jacobsen. Heel veel fijne merken en de mensen in de winkel zijn ook fijn; ze helpen je graag met het vinden van het juiste kledingstuk en ook voor een cadeautje denken ze graag mee. Op nummer 66b zit **Eigen Stijl Boetiek**, een soort zusje.
steenstraat 75, www.eigenstijlarnhem.nl, telefoon 0263790568, open ma 11.00-18.00, di-vr 9.30-18.00, za 9.30-17.30, zo 13.00-17.00, trein of bus 1, 7, 26, 27, 29 velperpoort

(30) **Spyk71** is kunstgalerie en woonwinkel in één. Er zijn wisselende tentoonstellingen en je krijgt hier altijd veel inspiratie voor je interieur of leuke cadeautjes. In de industriële ruimte staan veel designmeubels van merken in het hogere prijssegment. Met een kleiner budget koop je hier de leukste cadeaus.
steenstraat 71, www.spyk71.nl, telefoon 0858770704, open di-vr 11.00-18.00, za 11.00-17.30, zo 13.00-17.00, trein of bus 1, 7, 26, 27, 29 velperpoort

(32) Als je een bordspel zoekt, ben je bij **De Dobbelsteen** aan het juiste adres. Maar ook als je juist niet op zoek bent naar een specifiek spel, maar je wilt laten verrassen, kun je hier heel goed terecht. Ze nemen alle tijd om je te adviseren en

je komt zeker weten met een heel leuk spel thuis. Er zijn regelmatig bordspelavonden, dan kun je gewoon blijven om een spel te spelen. Op de website vind je de exacte data.
steenstraat 4, www.dedobbelsteen.com, telefoon 0263517669, open ma 12.00-18.00, di-wo & vr 10.00-18.00, do 10.00-19.00, za 10.00-17.00, zo 12.00-17.00, bus 1, 2, 3, 5, 6, 7 velperplein

LEUK OM TE DOEN

(25) Het **Posttheater**, de plek waar De Lama's ooit begonnen zijn, is het cabaretpodium van het Oosten. Hier staan gevestigde namen op het podium, maar ook nieuw talent en er zijn regelmatig try-outs. En dat allemaal in een gemoedelijke sfeer. In de pauze neem je gewoon een drankje; de portemonneeloze pauze heet dat.
rosendaalsestraat 27, www.posttheater.nl, telefoon 0264463554, zie website voor programma en prijzen, trein of bus 1, 7, 26, 27, 29 velperpoort

(35) Een beetje verscholen in een woonwijk staat het kleine, gezellige **Theater Het Hof**. Het gezelschap brengt drie tot vier producties per jaar uit, die dan enkele weken achter elkaar worden gespeeld. Tijdens de voorstelling zit je aan een tafeltje met een drankje en dat zorgt voor een unieke sfeer. Doordat het theater zo klein is, zijn de acteurs heel dichtbij en na de voorstelling drinken ze graag nog een drankje mee.
boekhorstenstraat 58, www.theaterhethof.nl, telefoon 0263514436, zie website voor programma en prijzen, bus 1, 2, 3, 5, 6, 7 velperplein

(38) Waar voorheen werd gezwoegd op Homerus, zitten nu creatieve bedrijfjes. Het monumentale voormalige gymnasium is tegenwoordig **De Kleine Campus**. Je kunt er vergaderen of een workshopruimte huren, maar ook lekker flexwerken op een rustige plek of in het café. Daar kun je ook gewoon even naar binnen lopen voor een kop koffie en de sfeer opsnuiven. Naast werken is er ruimte voor ontspanning met yogalessen. Kijk voor het rooster op *www.yogacampusarnhem.nl.*
statenlaan 8, www.dekleinecampus.nl, telefoon 0263844640, open ma-vr 9.00-17.00, bus 5, 6, 60, 62 groen van prinstererstraat

ROUTE 3

STAD IN HET GROEN

OVER DE ROUTE

Deze fietsroute gaat door diverse natuurgebieden in en rond de stad, van rivierlandschap tot soms heuvelachtig. Je moet dus wel flink trappen. Op veel plekken word je beloond met prachtige natuur, maar er zijn ook leuke musea onderweg en heel fijne, verrassende plekken om uit te rusten.

DE WIJKEN

Arnhem is een stad met heel veel **stadsparken**. Maar niet alleen ín de stad is het groen, Arnhem is omsloten door natuur. Ten noordwesten van de stad ligt **De Hoge Veluwe**, ten noordoosten de **Veluwezoom** en ten zuiden de **Betuwe**. Waar je de stad ook verlaat, je komt overal in het groen terecht. Deze fietstocht gaat eerst naar de zuidkant van de stad, waarbij je in de stad blijft en niet doorfietst richting Betuwe. De route gaat door de uiterwaarden aan de andere kant van de Rijn. Op sommige plekken heb je hier het gevoel dat de stad heel ver weg is, totdat je toch ineens weer ergens een (kantoor)gebouw of brug bovenuit ziet torenen. Verder waan je je hier helemaal buiten, in een nog ongerept natuurgebied met veel water, dieren en wat overblijfselen uit de oudheid.

Na het rivierlandschap fiets je door de stad, via de parken **Sonsbeek** en **Zypendaal** richting De Hoge Veluwe. Voorbij het **Openluchtmuseum** en **Burgers' Zoo** kom je in de naaldbossen terecht en de route loopt langs heidegebieden. Sommige stukjes komen langs snelwegen of er onderdoor, maar dat is dan ook het enige waaraan je merkt dat er een stad in de buurt is. Verder is het een oase van rust. Haal vooral even diep adem en doe je tegoed aan de heerlijke bosgeuren.

De fietstocht eindigt op De Hoge Veluwe, die met haar zandverstuivingen, heidevelden en bosgebieden echt het summum is van Hollandse natuur. Het is wel een park met goede fietspaden, uitkijkposten, horecagelegenheden en musea, dus het is niet helemaal ongerept. Maar het is ook wel lekker dat er bewegwijzering is

Warnsborn

ROUTEBESCHRIJVING 3 (ca. 34 km)

Begin bij Lola's 1 tegenover Arnhem Centraal en fiets de Coehoornstraat in. Je komt langs Stella by Starlight 2. Je moet de brug over, maar daarvoor moet je, als je de Coehoornstraat uit komt, eerst een stukje naar links en de weg oversteken. Je draait dan zo het fietspad op van de Nelson Mandelabrug. Aan de overkant van de Rijn blijf je het fietspad volgen tot je rechts onder de brug door kunt. Volg dat fietspad een stukje tot je weer rechts het Castellumpad in kunt slaan. Je bent nu in Meinerswijk 3. Blijf het fietspad volgen en ga rechts bij de Meginhardweg. Blijf deze weg volgen tot je weer onder de brug door bent. Sla links de Stadsblokkenweg in 4. Volg het fietspad tot je bij de John Frostbrug 5 bent. Fiets er onderdoor en ga naar rechts. Dan draai je zo de brug op. Aan de overkant van de Rijn is beneden aan de brug het Airborneplein. Neem op de rotonde de eerste afslag. Je komt op de Eusebiusbuitensingel. Die gaat over in de Velperbuitensingel en je buigt rechtsaf bij de Apeldoornseweg. Sla verderop rechtsaf de Jacob Cremerstraat in voor 'brandstof' 6 7. Via de Sint Peterlaan ga je terug naar de Apeldoornseweg. Aan de overkant kun je de fiets neerzetten om het Sonsbeekpark 8 9 10 11. Daarna fiets je via de Sonsbeekweg naar beneden. Ga direct rechts de Zypendaalseweg op, langs de Molenplaats 12 en het Watermuseum 13. Verderop in het park is de Waterval 14. Ga rechts bij de Parkweg. Meteen aan het begin (bij B&B De Teerplaats) kun je de fiets even parkeren om naar Huis Zypendaal 15 te wandelen (paar honderd meter). Rijd daarna over de Parkweg en ga aan het eind links de Wagnerlaan in. Voorbij het ziekenhuis neem je links de Cattepoelseweg. Volg die aan de rechterkant omhoog. Je komt dan bij een rotonde waar je zo naar het Openluchtmuseum 16 of Burgers' Zoo 17 rijdt. De route volgt de Schelmseweg naar rechts. Sla bij de Waterberg linksaf (naar fietsknooppunt 49) en ga daarna naar fietsknooppunt 03. Je rijdt door het bos en stukjes over de hei en komt uit op de Konigsweg. Sla linksaf en fiets langs de Oranjekazerne tot je aan je rechterhand Garage Royal 18 ziet op Buitenplaats Konigsweg. Ga bij de rotonde rechtdoor naar de ingang van Park De Hoge Veluwe 19. Midden in het park ligt Museum Kröller-Müller 20.

Weer naar Arnhem? Fiets het stuk door Het Nationale Park de Hoge Veluwe terug. Als je het park uitfietst, blijf je op de Kemperbergerweg tot Park Zypendaal. Ga rechts op de Schelmseweg tot je links naar de Amsterdamseweg kunt. Fiets verder tot je terug bij Arnhem Centraal bent.

BEZIENSWAARDIGHEDEN

(3) Als je via de Nelson Mandelabrug de Rijn over gaat, zie je rechts op de zuidoever **Meinerswijk** liggen. Het is een uiterwaardengebied met konikpaarden, gallowayrunderen, een aantal wilde zoogdieren en heel veel vogels, die je goed kunt bekijken vanuit de vogelkijkhut. Hoewel de stad dichtbij is, lijkt hij hier even heel ver weg. Je bent midden in de natuur, maar er zijn ook resten van een Romeins castellum en verschillende steenfabrieken te vinden.
meinerswijk, www.stadsblokkenmeinerswijk.nl, bus 5, 6, 7 fonteinkruidstraat

(4) Aan de zuidkant van de Rijn liggen tussen de twee bruggen de **Stadsblokken**. De naam zegt het al een beetje, het is een natuurgebied in een stedelijke omgeving. Vanuit de stad loop je zo de natuur in. Voor dit gebied zijn er mooie plannen, die de komende jaren gerealiseerd worden, zoals een stadsstrand met een strandtent en een haven. De natuur moet hier verder zoveel mogelijk de natuur blijven, waar je kunt fietsen en wandelen.
stadsblokken, www.stadsblokkenmeinerswijk.nl, bus 4, 5, 6, 7 de praets

(5) Dé brug te ver, dit is hem! Wat de **John Frostbrug** allemaal heeft meegemaakt, daar kunnen wij ons geen voorstelling van maken. Vroeger heette hij de Rijnbrug: de brug over de Rijn die de stad Arnhem met het zuiden verbond. Na de Tweede Wereldoorlog is hij vernoemd naar John Dutton Frost, die als luitenant-kolonel tijdens de Slag om Arnhem de brug bereikte, maar er helaas niet in slaagde deze te veroveren op de Duitsers. Jaarlijks in september, als de Slag om Arnhem wordt herdacht, is de brug het decor van de *Bridge to Liberation Experience*.
nijmeegseweg/john frostbrug, www.bridgetoliberation.nl, bus 2, 3, 14 airborneplein

(8) Arnhem heeft vele parken, maar **Park Sonsbeek** is het bekendste. Het is tevens de 'toegangspoort' tot de Veluwe. Je kunt er uiteraard wandelen, ontspannen, sporten of picknicken, maar er is ook veel te ontdekken. Bijvoorbeeld een hertenkamp, uitkijktoren Belvédère, een ijskelder en een waterval. Het is een groot park met veel hoogteverschillen; een wandeling hier voel je wel in je benen. Er zijn regelmatig openluchtconcerten en culturele festivals.
park sonsbeek, www.sonsbeek.nl of www.sonsbeekagenda.nl, trein of bus arnhem centraal of bus 9 sonsbeek

4
STADSBLOKKENWERF

11
Laze in the park

4
ASM 1

(11) Echt een **Lazy King**, hoe hij daar ligt op de helling in het Sonsbeekpark, op zijn zij met een hand losjes onder zijn hoofd en een been opgetrokken. Dit beeld was een van de populairste tijdens de Sonsbeektentoonstelling Grandeur in 2008, waarna de gemeente besloot het aan te kopen. Nu is de 'luie koning', gemaakt door Alain Séchas, niet meer weg te denken van deze plek. Bij mooi weer zitten, spelen en liggen er heel veel mensen om hem heen.
nabij tellegenlaan 3, bus 8, 91 sonsbeek

(14) De **Waterval** in Park Sonsbeek is onderdeel van de Jansbeek. Die ontspringt in het naastgelegen Park Zypendaal en stroomt door Park Sonsbeek via het centrum naar de Rijn. De waterval is in 1826 aangelegd door een baron en is al heel lang een toeristische trekpleister; een plek waar veel wordt geklauterd op de rotspartijen of in de grot achter de waterval. Het is een van de favoriete fotoplekken voor bruidsparen in het park.
waterval park sonsbeek, trein of bus arnhem centraal of bus 9 sonsbeek

(15) Je gaat terug in de tijd, als je **Huis Zypendaal** bezoekt. Naar de 18e eeuw om precies te zijn, toen het nog bewoond werd door de familie Brantsen. De verdieping die je kunt bezichtigen (met gids) is nog deels ingericht met haar inboedel en familieportretten. De oranjerie en het koetshuis zijn inmiddels in gebruik als kantoren. Het is heerlijk om door het bijbehorende park te wandelen.
zypendaalseweg 44, zypendaal.glk.nl, telefoon 0263644645, open zo, rondleiding om 12.00, 13.00, 14.00, 15.00 & 16.00, entree € 7,50, park gratis, trein arnhem centraal, uitgang sonsbeekzijde, dan 20 minuten lopen

(19) De natuur van **Het Nationale Park De Hoge Veluwe** is overweldigend. Op verschillende plekken staan witte fietsen die je kunt gebruiken, maar ook met je eigen vervoer of wandelend kun je het park ontdekken. Het landschap is heel gevarieerd, van bos en heide tot zandverstuivingen, met bewoners als edelherten en wilde zwijnen. Naast de natuur is er plek is voor kunst en architectuur. Het Kröller-Müller Museum, het Museonder en Jachthuis Sint-Hubertus zijn absoluut een bezoek waard. Bij de Theekoepel of het Parkrestaurant kun je lekker uitblazen.
koningsweg 17, www.hogeveluwe.nl, telefoon 08008353628, open dagelijks nov-mrt 9.00-18.00, apr 8.00-20.00, mei & aug 8.00-21.00, jun-jul 8.00-22.00, sep 9.00-20.00, okt 9.00-19.00, entree park € 9,95, bus 9 koningsweg

(20) De op een na grootste collectie Van Goghs ter wereld vind je op de Hoge Veluwe in het **Kröller-Müller Museum**. Het museum werd opgericht door Helene Kröller-Müller en opende in 1938 zijn deuren. Helene had de grootste privécollectie kunst van de 20e eeuw. Samen met haar man kocht ze bijna 11.500 kunstwerken aan, waarvan vandaag de dag een deel te zien is in de vaste collectie van het museum. De weg ernaartoe is prachtig. Ga liefst met de fiets vanaf de parkingang (als je zelf niet met de fiets bent, pak je hier gewoon een witte fiets). En het museum heeft nog veel meer te bieden: wisselende tentoonstellingen en een enorme beeldentuin met 160 sculpturen. Ook de winkel en het museumcafé zijn fijn en bij mooi weer is er een buitenrestaurant in de beeldentuin.
houtkampweg 6, www.krollermuller.nl, telefoon 0318591241, open di-zo 10.00-17.00, entree € 19,90 (inclusief toegang park), bus 105, overstappen in otterlo op bus 106 museum

ETEN & DRINKEN

(1) Het stationsplein is niet heel gezellig, maar binnen bij **Lola's** is het dat wel. Vanaf hier kun je het bijzondere stationsgebouw goed zien. Lola zelf heeft een patisseriecursus gevolgd en dat proef je. Ze serveert heerlijke zoetigheden bij de koffie. Je kunt hier ook ontbijten of lunchen, of iets meenemen voor onderweg.
stationsplein 13, www.lolasarnhem.nl, telefoon 0263826400, open ma-di & do-vr 9.00-17.00, za-zo 10.00-17.00, prijs ontbijt of 12-uurtje € 9,95, trein of bus arnhem centraal

(2) Op loopafstand van station Arnhem Centraal drink je een lekker drankje in huiskamercafé **Stella by Starlight**. De sfeer is hier ongecompliceerd, creatief en een beetje alternatief. Het café is ook de publieke ingang voor het initiatief Coehoorn Centraal, een project voor een levendige buurt met veel ruimte voor creatieve ondernemers. Die vibe voel je hier. Elke woensdag en donderdag is er vanaf 21.00 uur livemuziek, door ArtEZ-studenten.
coehoornstraat 33, www.stellabystarlight.nl, telefoon 0610506081, open di-vr 11.00-sluit, za 15.00-sluit, prijs € 16, tapbier € 2,40, trein of bus arnhem centraal

(7) Het fijne café **Graaf Otto** ligt in een woonwijk, dus je komt er veel buurtbewoners tegen. Beneden zit je gezellig in het bargedeelte en boven kun je

12
MOLENPLAATS SONSBEE

6
PASTA
PENNE

9

2

1

1
Cookie
Dough 2,75

7

1

9
De
cursus
omgaan
met
teleurstellingen
gaat
wederom
niet
door

12

heerlijk eten. Aan een tafeltje bij het raam heb je mooi uitzicht op deze gezellige buurt. Het eten is er goed; lekkere sandwiches of salades voor de lunch, goede borrelhappen en 's avonds is er genoeg te kiezen. Voor ieder wat wils!
jacob cremerstraat 103, www.graaf-otto.nl, telefoon 0268482299, open di-zo 11.30-sluit (keuken tot 21.30), prijs € 18, bus 3, 13 graaf ottoplein

(9) Prachtig gelegen op een groene helling in het park is **Stadsvilla Sonsbeek**, in de volksmond ook wel de Witte Villa genoemd. Vanaf het terras heb je een prachtig uitzicht over het park en de stad. Je zit hier echt heerlijk, maar ook binnen is het fijn en helemaal ingericht met Arnhems design. De villa ligt op de Hartjesberg, misschien dat er daarom zoveel wordt getrouwd. Een bruidspaar spotten op deze plek of ergens anders in het park is heel gewoon.
tellegenlaan 3, www.stadsvillasonsbeek.nl, telefoon 0264465200, open di-vr 11.00-23.00, za 10.00-23.00, zo 10.00-22.00, prijs € 19, trein of bus arnhem centraal of bus 8 sonsbeek

(18) Strandtent op de Veluwe, dat is hoe **Garage Royal** zichzelf noemt. En zo is ook de sfeer: ontspannen en no-nonsense. Het is een stoer, industrieel gebouw op het voormalige defensieterrein Kamp Koningsweg Noord. Je eet er de lekkerste pizza's en *Flammkuchen*, en ook voor een kop koffie met taart zit je hier goed. Een bijzondere plek in de natuur, met een enorme geschiedenis.
koningsweg 23a, www.garage-royal.nl, telefoon 0267370546, open wo-zo 16.00-21.30, prijs € 13, bus 9 koningsweg

SHOPPEN

(6) **Buongusto** is een stukje Italië midden in een woonwijk, met de lekkerste Italiaanse producten. Ze maken heerlijke broodjes, die je mee kunt nemen voor onderweg, en er is ook huisgemaakte tiramisu of in de zomer echt Italiaans schepijs van de beroemde Talamini. Je kunt de verleiding iets mee te nemen voor thuis vast niet weerstaan. En als je in Arnhem gaat fietsen, mag je het allemaal eten, want je trapt het er zo weer af.
jacob cremerstraat 51, www.buongustoarnhem.nl, telefoon 0268802338, open di-vr 11.00-19.00, za 11.00-17.30, bus 3, 13 jacob cremerstraat

⑩ Iedere eerste zondag van de maand is er in Park Sonsbeek een gezellige streekmarkt, met kleurrijke kraampjes en mobiele keukens. De **Sonsbeekmarkt** is nabij de witte villa en het hertenkamp. Check de website voor de exacte locatie. Je kunt lekkere producten kopen en meenemen voor thuis, maar het ook ter plekke opeten. De sfeer is gemoedelijk en er zijn regelmatig optredens, dus je zou zelfs nog een dansje kunnen doen.

nabij tellegenlaan 3, www.sonsbeekmarkt.nl, open mrt-dec, eerste zo van de maand 11.00-18.00, trein of bus arnhem centraal of bus 9 sonsbeek

LEUK OM TE DOEN

⑫ **Molenplaats Sonsbeek** is een goed beginpunt voor een wandeling door het park; naast horecagelegenheid is de molenschuur een informatiecentrum voor de omliggende parken en ander stedelijk groen in Arnhem. Neem een kaartje van het park mee om het op eigen houtje te ontdekken, of ga op pad met een gids. Naast de molenschuur staat de Witte Watermolen, die al koren maalt sinds de 15e eeuw. De molen is te bezichtigen en in de schuur zijn de molenproducten te koop.

zijpendaalseweg 24a, www.molenplaatssonsbeek.nl, telefoon 0264450660, open di-za 10.00-17.00, zo 11.00-17.00, molen di-wo 10.00-16.00, zo 12.00-16.00, entree gratis, trein of bus arnhem centraal of bus 9 sonsbeek

⑬ Op een mooie plek, aan de rand van Park Sonsbeek en aan de Jansbeek, in een van de oudste gebouwen van Arnhem, zit het **Nederlands Watermuseum**. Het wil iedereen bewust maken van water. Iets wat zo gewoon lijkt, is heel bijzonder en elke dag is Nederland bezig zich te beschermen tegen water. In de uitgebreide tentoonstelling kun je er veel over leren. Er is van alles te doen voor kinderen.

zijpendaalseweg 26-28, www.watermuseum.nl, telefoon 0264452548, open di-zo 11.00-17.00, prijs € 10,50, trein of bus arnhem centraal of bus 9 sonsbeek

⑯ In het **Nederlands Openluchtmuseum** reis je door de tijd. Ga twee eeuwen terug op bezoek bij een boerderij of bekijk een oud ambacht. Er is een Zaans plein met echte Zaanse huizen en een poffertjeskraam. In de winter is het museum

13

6
Buongusto
Buongusto
www.buongustoarnhem.nl

8

Go & explore

helemaal in winterstijl, met een schaatsbaan, vuurkorven en een sleebaan. Kinderen mogen dan broodjes bakken bij het open vuur. In het entreegebouw kun je de **Canon** van Nederland bekijken, een uitgebreid overzicht van de Nederlandse geschiedenis, aan de hand van gebeurtenissen, personen en onderwerpen. Je komt hier tijd te kort.

hoeferlaan 4, www.openluchtmuseum.nl, telefoon 0263576111, zie website voor tijden en prijzen, bus 3, 8 openluchtmuseum

(17) **Burgers' Zoo** doet niet onder voor een pretpark. De dieren kun je bijvoorbeeld bekijken vanuit een observatiehut in het safarigedeelte met een echt savannelandschap, in de grootste overdekte mangrove ter wereld of in de rimba met een tocht door het Maleisische tropisch regenwoud. En dan zijn er ook nog een woestijn, een overdekte jungle en een aquarium waar de vissen om je heen zwemmen in acht miljoen liter water. Als je binnenstapt in dit dierenrijk, heb je aan een paar uurtjes niet genoeg.

antoon van hooffplein 1, www.burgerszoo.nl, telefoon 0264424534, open dagelijks nov-mrt 9.00-17.00, apr-okt 9.00-18.00, entree € 22,50, combikaart met openluchtmuseum € 35, bus 3 burgers' zoo bekomen Sie viel zu

TIJD OVER?

Als je de routes uit deze gids volgt, kom je vanzelf langs de belangrijkste highlights van de stad. Toch zijn er ook buiten de routes nog wel een aantal plekken en bezienswaardigheden die zeker de moeite waard zijn om te bezoeken. Ze staan hieronder kort toegelicht. Let wel: sommige liggen buiten de stad.

Ⓐ Wil je na je bezoek aan Airborne at the Bridge echt alles weten over de Slag om Arnhem, ga dan naar **Airborne Museum Hartenstein** in Oosterbeek. Villa Hartenstein was in 1944 het hoofdkwartier van de Britse luchtlandingstroepen. In de ondergrondse Airborne Experience kun je de geschiedenis bijna herbeleven door in de voetsporen te treden van een Engelse parachutist. Aan de hand van foto's, teksten, objecten en audiovisueel materiaal ontdek je wat militairen en burgers tijdens de Slag om Arnhem beleefden. Razend interessant en levensecht.
utrechtseweg 232, oosterbeek, www.airbornemuseum.nl, telefoon 0263337710, open dagelijks 10.00-17.00, entree € 11, bus 352 airborne museum of 1 weeninklaan

Ⓑ Voormalig landgoed Bronbeek is de plek waar nu het Koninklijk Tehuis voor oud-militairen en **Museum Bronbeek** is gevestigd. In het museum kom je veel te weten over het koloniale verleden van Nederland en staat de geschiedenis van het Koninklijk Nederlands-Indisch Leger (KNIL) centraal. Je ziet hier uniformen, geweren, kanonnen en schilderijen. Ook de omgeving is schilderachtig, met een goed onderhouden tuin. Er zijn nog regelmatig herdenkingen op het landgoed.
velperweg 147, www.museumbronbeek.nl, fb museum bronbeek, telefoon 0263763555, open di-zo 10.00-17.00, prijs € 6, bus 1, halte Bronbeek

Ⓒ Glamping in Nationaal Park Veluwezoom, dat kan op **Buitenplaats Beekhuizen**. Je kunt er overnachten in een *pod*, een soort houten blokhut, of in een lodgetent. Ze liggen allemaal beschut in het bos en sommige hebben een eigen hottub of buitendouche. Op het terrein staat ook een knaloranje hottub, waar iedereen in kan relaxen. Restaurant **Woodz** is opgetrokken uit oude blauwe zeecontainers, wat een soort festivalsfeer geeft. Je kunt er no-nonsense en goed eten. Een ideale plek om tot rust te komen en minstens een nachtje te blijven.
bovenallee 1, velp, www.buitenplaatsbeekhuizen.nl, telefoon 0262020365, zie website voor openingstijden, bus 8 velp biesdelselaan (20 min lopen)

BRONBEEK

Ⓓ Er zijn meerdere redenen waarom een bezoek aan Hanzestad **Doesburg** de moeite waard is, maar bovenaan staat toch echt de historische binnenstad. De straatjes zijn nog net als in de middeleeuwen en de panden uit de 17e eeuw zijn puntgaaf. De binnenstad is dan ook een beschermd stadsgezicht. Hoogtepunten zijn De Waag, het Arsenaal, de Commanderij en de Martinikerk, maar de pandjes waar nu winkels in zitten zijn ook het bekijken waard. Doesburg staat bekend om de mosterd. Breng een bezoek aan de Doesburgsche Mosterdfabriek, waar met veel enthousiasme wordt verteld over deze pittige smaakmaker. Je ziet met eigen ogen hoe ze ambachtelijke mosterd maken en krijgt recepten mee voor thuis.
doesburg, www.bezoek-doesburg.nl, bus 26, 29 doesburg meipoort/koepoortwal

Ⓔ Pluk je eigen veldboeket of oogst je eigen sla bij **Stadstuin Kweekland**, een oase in de stad. In de kas of ergens in de tuin kun je neerstrijken om iets te drinken. Er is ook een tuinwinkel waar je alle basics voor in de tuin kunt kopen, van een spade tot een kweekkasje.
dalweg 80, www.stadstuinkweekland.nl, zie website voor openingstijden, entree gratis, bus 91 of 231 dalweg

Ⓕ **Hoeve Klein Mariëndaal** ligt op een prachtig monumentaal landgoed aan de rand van Arnhem. Het is een zorgboerderij en theeschenkerij, waar je lekker kunt zitten en genieten van de rust. Wandelen op het landgoed is ook fantastisch, door de vele hoogteverschillen. Je kunt een route lopen van drie kilometer (rode paaltjes). Het landgoed is autovrij; parkeren kan op de Heijenoordseweg. Loop het fietspad tussen de school en de bushalte in, dan ben je er binnen vijf minuten.
diependalseweg 4, www.hoevekleinmariendaal.nl, telefoon 0263796687, open theeschenkerij wo-vr 10.00-16.00, za 12.00-17.00, zo 10.00-17.00, lijn 10 callunastraat

Ⓖ **Hoogte 80** is een klein stadspark, maar het gaat hier vooral om het uitzichtpunt. Het is de klim naar 77,5 meter boven NAP echt waard; als je hier staat heb je geweldig zicht op het oostelijke gedeelte van de stad, de rivier de IJssel en de ten zuidoosten van Arnhem gelegen streek de Liemers. Bij helder weer kun je zelfs nog verder kijken. Er is een uitzichttafel waarop is aangegeven wat je ziet, en dat maakt dit punt niet het hoogste maar wel het beste uitzichtpunt van Arnhem. Ieder jaar rond Hemelvaart is deze plek vier dagen het decor van het Hoogte80 Festival, met theater, muziek, literatuur, eten en drinken én geweldig uitzicht.
hoogte 80 (zaslaan), www.h80festival.nl, bus 8 wielewaalstraat/hoogte 80

Ⓗ Ridders en jonkvrouwen, dat is wat je je voorstelt als je de ophaalbrug van **Kasteel Doorwerth** over gaat. Het ligt prachtig in de uiterwaarden van de Rijn, bij het dorp Doorwerth. Wandelen in de omgeving kan ook heel goed, bijvoorbeeld naar uitkijktoren De Boersberg. Vanaf daar zie je het kasteel van een andere kant en heb je een fantastisch uitzicht over de boomkronen van de kenmerkende hellingbossen en de Nederrijn. Maar kijk vooral ook binnen in het middeleeuwse kasteel en ruik, zie en hoor de sfeer van vroeger. Er zijn vaak evenementen, met als hoogtepunt de Kerstfair in december. Dan is het kasteel echt sprookjesachtig.
fonteinallee 2b, doorwerth, doorwerth.glk.nl, telefoon 0263397406, open di-zo 11.00-17.00, entree € 11,50, bus 51 doorwerth winkelcentrum de weerd of heveadorp veerweg (15 min lopen)

Ⓘ Als er één plek is die het begrip idyllisch dekt, dan is het **Kasteel Rosendael**. In het landschapspark rond het kasteel is veel te zien en te beleven, met als hoogtepunt *de Bedriegertjes*. De fonteinvloer die op onverwachte momenten water spuit zorgt regelmatig voor hilariteit onder de bezoekers. Het kasteel is alleen met een tour te bekijken. Het is lang bewoond geweest en de collectie vertelt het verhaal van het kasteel, de bewoners en de tijd waarin zij leefden. De oranjerie is in de winter nog als zodanig in gebruik, maar van half mei tot half oktober kun je er wat drinken.

rosendael 1, rozendaal, rosendael.glk.nl, telefoon 0263644645, open apr-okt di-zo 11.00-17.00, nov-mrt zo 11.00-16.00, zie website voor tijden, prijs tour € 9,50, alleen park € 5, bus 8 rozendaal kerklaan

(J) Voor de echte liefhebber is het **Mountainbike Museum** een paradijs. Naast meer dan 700 verschillende MTB's zie je er ook zeldzame onderdelen, retroshirts en documentatiemateriaal. Het museum is zeer uitgebreid en compleet, je kijkt je ogen uit. En dan te bedenken dat er maar één persoon achter zit, van wie dit een uit de hand gelopen hobby is.

kemperbergerweg 5a, www.mountainbikemuseum.nl, telefoon 0268482077, open vr-zo 10.00-17.00, entree gratis, bus 9 kemperbergerweg

(K) Vanuit Arnhem is het een dik halfuur rijden naar Gorssel. Je kunt over de snelweg (A50 en A1) of neem de mooie route 'binnendoor' via Zutphen. De eindbestemming is **Museum More** in het voormalige gemeentehuis van Gorssel. Het heeft de grootste collectie modern realisme van Nederland, met werken van meesters als Carel Willink, Jan Mankes, Pyke Koch en Charley Toorop. Naast de eigen collectie zijn er wisselende tentoonstellingen, waardoor je bij ieder bezoek opnieuw wordt verrast. Het dorpje Gorssel is ook leuk om even doorheen te wandelen.

hoofdstraat 28, gorssel, www.museummore.nl, telefoon 0575760300, open di-zo 10.00-17.00, entree € 18,50, trein zutphen, dan bus 81 gorssel museum more

(L) Arnhem is een kunstzinnige stad, mede door de studenten van ArtEZ hogeschool voor de kunsten. Dat voel je als je door de stad loopt. Tijdens een **Muurschilderingen Street Art Tour** ga je met een gids op pad. Die laat je de mooiste *murals*, die zelfs bij locals niet bekend zijn, en andere verborgen juwelen van de stad zien. Je hoort onderweg leuke wetenswaardigheden over het heden en verleden van Arnhem.

oude stationsstraat 4 (bij posse espressobar), www.arnhemlife.nl, telefoon 0613368877, zie website voor tijden, prijs € 15, trein of bus arnhem centraal

Urban
exploring

Ⓜ **Openluchtzwembad Klarenbeek** bestaat al sinds 1954 en je waant je er ook een beetje terug in de tijd. Zelfs op drukke zomerdagen kom je hier tot rust, misschien door het vele groen om je heen. Er zijn drie verwarmde zwembaden: een peuterbad, een middenbad voor jonge kinderen en een 25-meterbad met duikplanken en een glijbaan. Aan het begin en eind van de dag kun je baantjes trekken en 's middags gaan er banden en matten het water in. Het water is altijd minimaal 22 graden, dus ook op minder mooie dagen is het heerlijk zwemmen hier.
hommelseweg 536, www.zwembadklarenbeek.nl, telefoon 0264460370, open half apr-half sep ma-vr 7.00-19.00, za-zo 9.00-18.00, prijs € 5, bus 3 heselbergherweg

Ⓝ **Pannekoekhuis Strijland** in Rheden is een pannenkoekenhuis zoals het moet zijn, een reis terug in de tijd, met dito inrichting en gordijnen. Er zijn veel smaken, maar neem vooral een naturel pannenkoek met suiker of stroop, dan proef je het het best. Heerlijk na een wandeling of een bezoek aan de schaapskooi.
groenestraat 1, rheden, www.pannekoekhuisstrijland.nl, telefoon 0264951382, open dagelijks 12.00-20.00, prijs naturel pannenkoek € 6,75, trein rheden of bus 29, 43 rheden groenestraat

Ⓞ Als je de Hoge Veluwe iets te ver vindt, kun je op langoed **Warnsborn**, net buiten de stad, er een beetje van proeven. Naast bos zijn er beekjes, vijvers en prachtige stukken hei. Naderhand zit je bij hotel-restaurant Groot Warnsborn heerlijk op het terras of binnen bij de haard.

bakenbergseweg, www.glk.nl, bus 9 schaarsbergen warnsborn

Ⓟ Voor een stevige wandeling zijn er rondom Arnhem meer dan genoeg mogelijkheden, maar er zijn gebieden die extra de moeite waard zijn. Zoals de heide op de **Posbank** en het **Herikhuizerveld** in Nationaal Park Veluwezoom. De Posbank dankt haar naam aan een bank die er ooit is geplaatst voor meneer Pos. Vanaf deze plek, die 90 meter boven NAP ligt, heb je een prachtig uitzicht. In augustus en september staat de heide in bloei. Bezoekerscentrum Veluwezoom van Natuurmonumenten is het begin- en eindpunt van veel mooie wandel- en fietstochten. Je kunt hier informatie over de omgeving krijgen en ook wat drinken.

heuvenseweg 5a, www.natuurmonumenten.nl/natuurgebieden/nationaal-park-veluwezoom, telefoon 0264979100, entree gratis, trein rheden of bus 29, 43 rheden groenestraat

Ⓠ In Nationaal Park Veluwezoom staat een monumentale schaapskooi met rieten dak. Ook als er geen schapen zijn is de schaapskooi het omlopen en bekijken waard. Extra leuk is het hier in de lammertijd, van half februari tot eind april. Je mag bij de lammetjes in de wei en als je er een adopteert zorg je voor het voortbestaan van de schaapskudde. De kudde zorgt weer voor de instandhouding van de omliggende heidevelden. Het is een prachtig gezicht om de **Rhedense schaapskudde** over de hei te zien trekken. Tegen betaling kun je op pad met de herder.

heuvenseweg 11a, rheden, www.schaapskudde.nl, prijs lammetje adopteren € 25, bus 43 of 70 rheden groenestraat

Ⓡ Bij **Rijnboulder** kun je je lol op als je van klimmen en klauteren houdt. Het is namelijk de grootste boulderhal van Nederland. Er zijn twee verdiepingen met boulderblokken met veel klimroutes voor beginners en ook zeker voor gevorderde klimmers. Iedereen heeft hier binnen de kortste keren het zweet op de rug staan, maar je kunt altijd even bijkomen in pizzabar/grand café La Rocca.

olympus 3, www.mountain-network.nl, telefoon 0881236850, open ma-vr 11.00-23.00, za-zo 10.00-21.00, entree € 13, bus 7 rijnhal

Ⓢ Na de beeldententoonstelling Grandeur in 2008 in het Sonsbeekpark, heeft gemeente Arnhem de **Spitting leaders** van de Spaanse kunstenaar Fernando Sánchez Castillo aangekocht. Stalin, Franco, Lodewijk XIV en een ongedefinieerde, vast ook despotische leider staan nu in Park Presikhaaf. Het is een heel banaal gezicht hoe deze mannen elkaar bespugen. Vlakbij is het T-HUIS. Het gebouw is de oude Sonsbeekzijde-ingang van het centraal station, dat hiernaartoe is verplaatst.
park presikhaaf, bus 331 ijssellaan/han

Ⓣ Als je vanuit Arnhem-Zuid de Rijn stroomopwaarts volgt, kom je via het Pannerdensch Kanaal bij **Fort Pannerden**. Dit 19e-eeuwse ondergrondse fort ligt op het punt waar de Waal en het Pannerdensch Kanaal bij elkaar komen. Als je boven op het fort staat, kun je uitkijken over het rivierlandschap, maar binnen is ook van alles te beleven. Ontdek het geheim van soldaat Willem Derksen, die hier ooit gelegerd was. Tegen betaling van een toeslag mag je in de escape room, waar je wordt uitgedaagd het fort te redden.
waaldijk 1, doornenburg, www.fortpannerden.eu, telefoon 0481420089, open nov-mrt za-zo, apr-jun & sep-okt wo & za-zo, jul-aug & vakanties di-zo 11.00-17.00, prijs € 12,50, bus 33, 833 doornenburg van kol (20 minuten lopen)

Ⓤ Jaarlijks heeft het **stadion Gelredome** meer dan een miljoen bezoekers. Naast de voetbalwedstrijden van thuisclub **Vitesse** zijn er concerten en evenementen. Vitesse organiseert rondleidingen door het stadion. Je komt in de bestuurskamer, de kleedkamers, *viplounges*, de persruimte en het *Home of History*, met een overzicht van de geschiedenis van Nederlands oudste eredivisieclub.
batavierenweg 25, www.vitesse.nl, telefoon 0268807316, rondleidingen op aanvraag, prijs rondleiding € 8,95, bus 7 gelredome

Ⓥ **Vliegbasis Deelen** is een voormalig militair hulpvliegveld van vlak voor de Eerste Wereldoorlog. Tijdens de Tweede Wereldoorlog kwam het in handen van de Duitsers en werd het *Fliegerhorst Deelen*: het grootste Duitse vliegveld in Nederland. De geschiedenis van dit stuk grond kun je bekijken in Museum Vliegbasis Deelen (*www.museumdeelen.nl*). Op dit moment is de basis onderdeel van het Defensie Helikopter Commando en wordt vooral gebruikt voor oefeningen. Vanaf het terras van restaurant De Thermiekbel kun je zweefvliegtuigen spotten.
hoenderloseweg 10, bus 9 deelen hoenderloseweg (30 min lopen)

UITGAAN

Arnhem heeft op het gebied van uitgaan veel te bieden. Naast het **Stadstheater** zijn er ook kleinere theaters, zoals het eigen theater van **Toneelgroep Oostpool** en het **Posttheater**. **Musis Sacrum** is het concertgebouw en de thuisbasis van het Gelders Orkest. In het **Gelredome** zijn regelmatig popconcerten en voor de kleinere, intiemere concerten is er **Luxor Live**. Er zijn twee bioscopen en een filmhuis. Verder is de Korenmarkt hét uitgaansplein van Arnhem, maar ook erg druk en toeristisch. Er zijn veel cafés in de binnenstad, het Spijkerkwartier en Klarendal.

De leukste actuele uitgaansadressen hebben we op onze website gezet. Van hippe tentjes en goede wijnbars tot bruine kroegen en trendy clubs. Check **www.timetomomo.com** en trek je eigen plan voor je avond uit in Arnhem.

time to momo

HOTELS

Een fijn bed, een lekker ontbijt en een mooi interieur: het zijn allemaal ingrediënten voor een goed hotel. Dit zijn onze favoriete slaapplekken in de leukste wijken.

Relax ;-)

Sonsbeek - Hotel Molendal

Terug in de tijd: nostalgisch en uniek.

Spijkerkwartier - Hotel Karel

Mooie, ruime kamers … heel fijne stoomdouche…

Spijkerkwartier - Hotel Bizar Bazar

Logeren in oosterse sferen.

Klarendal - Design Hotel Modez

Origineel en individueel, midden in de modewijk.

Hoge Veluwe - B&B Adelaerthoeve

Kom helemaal tot rust middenin het groen.

Kijk online voor nog meer favoriete hotels en boek meteen via www.timetomomo.com/hotels/arnhem

focus

INDEX

ALGEMEEN

LEUK OM TE DOEN

HOTELS

VERVOER

COLOFON

Deze gids is met de grootst mogelijke zorg samengesteld. Voor eventuele onjuistheden in de tekst is mo'media bv niet aansprakelijk. Eventuele op- en/of aanmerkingen kun je richten aan: mo'media, postbus 359, 3000 AJ Rotterdam, info@momedia.nl, www.timetomomo.com.

LOCAL/REDACTIE
Mirjam Lingen

FOTOGRAFIE
David in den Bosch,
Eva Broekema, Rinus Baak,
Martijn Baudoin

EINDREDACTIE
Anna Alberts

VORMGEVING
Studio 100%, Oranje Vormgevers

CARTOGRAFIE
Van Oort redactie en kartografie

BEELDREDACTIE
Oranje Vormgevers

PROJECTLEIDING
Sophie Kreuze

time to momo Arnhem
isbn 978-90-5767-894-3
nur 510, 511

1e druk oktober 2019

Welke steden staan er op jouw bucketlist?

- Almere
- Amsterdam
- Andalusië
- Antwerpen
- Arezzo
- Arnhem
- Athene
- Barcelona
- Berlijn
- Bilbao
- Blankenberge
- Boedapest
- Brugge
- Brussel
- Capri
- Córdoba
- De Haan
- Den Haag
- Dublin
- Florence
- Gent
- Granada
- Hamburg
- Hasselt
- Hongkong
- Ibiza
- Keulen
- Belgische Kust
- Kopenhagen
- Kortrijk
- Krakau
- Leuven
- Lissabon
- Londen
- Lucca
- Luik
- Maastricht
- Madrid
- Malmö
- Marrakech
- Mechelen
- Milaan
- Málaga
- München
- Napels
- Nieuwpoort
- Nijmegen
- Oostende
- Parijs
- Pisa
- Porto
- Praag
- Rome
- Rotterdam
- San Sebastián
- Santa Eulària des Riu
- Sevilla
- Siena
- Stockholm
- Toscane
- Utrecht
- Valencia
- Venetië
- Warschau
- Wenen

**STAAT JOUW FAVORIETE BESTEMMING ER NIET BIJ?
MAIL ONS DAN VIA INFO@MOMEDIA.NL EN WIE WEET ZETTEN WIJ HEM OP ONZE BUCKETLIST.**